이마트
100호점의
숨겨진 비밀

이마트
100호점의
숨겨진 비밀

마케팅컨설턴트 맹명관

비전코리아

Chapter 1 이마트, 전국에 불처럼 일어나리라

Chapter 2 월마트와 진검승부를 벌이다

Chapter 3 육감으로 체험하고 느껴라

Chapter 4 이마트, 대한민국 1등 할인점의 성공코드

Chapter 5 이마트의 미래, 우리는 끊임없이 도전한다

이마트는 업그레이드된
대한민국 유통 경쟁력이다

오세조 연세대학교 경영대학 교수

미래학자 존 네이스비츠가 예측한 것처럼 유통업 개방 이후 10년간의 변화 양상은 한국 유통업의 미래를 내다보는 바로미터가 되어왔습니다. 이 기간 동안 이루어진 격동의 변화는 유통업에겐 한 단계 질적으로 성장하는 자양분이 되었습니다. 특히 백화점과 대형마트의 질적 변화는 미래 유통의 단면을 상징적으로 예측하는 시금석이 되었습니다. 이를 방증하듯 작금의 유통업은 제조업보다 진일보하여 소비자의 기호를 파악하고 구매력buying power을 확장하고 있습니다. 오히려 이제는 제조업체에 필요한 물건을 주문하거나 디자인의 변화를 요구할 만큼 영향력을 행사하고 있습니다.

　제조업만이 국가 경쟁력을 높이는 유일한 대안으로 평가받던 과거 구시대적 관점과 비교한다면, 이런 현상은 우리나라뿐만 아니라 전 세계적인 마켓 트렌드라고 해도 과언이 아닐 것입니다. 예컨대 미국 유통업체 월마트가 매출액 규모로 세계 최대 전자업체인 제너럴일렉트릭을 따돌리고 1위를 차지한 것이 이러한 사실을 증명하고 있습니다.

우리나라도 그동안 대형마트들이 규모의 경제를 이용하여 바잉파워를 토대로 입지경쟁을 치열하게 벌여왔습니다. 이는 '세계 유통업체 보고서'에서 지적하였듯이 기업화와 전문화가 선진국에 비해 상대적으로 낮은 우리 환경에서는 불가피한 측면임을 부인할 수 없습니다. 그 결과 이마트는 대한민국을 대표하는 할인점으로 괄목할 만한 성장을 하였습니다.

그러나 몇 년 전의 급격한 신장세와는 달리 최근 들어 대형마트는 여러 가지 이유로 성장이 둔화되기 시작하였습니다. 그 대표적인 것이 정치권과 지방자치단체에서 거론되고 있는 중소 유통업체 보호를 위한 각종 규제조치이며, 국내시장의 영역 확대를 허용치 않는 분위기도 한몫을 하고 있습니다. 문제는 이로 인한 수익구조 변화와 매출신장에 브레이크가 걸린다는 사실이며, 유통업이 국가 경쟁력의 성장 동력으로 자리 잡는 데 이러한 것들이 난관으로 여겨지는 것도 부정할 수 없습니다. 이런 시점에 대한민국 1등 할인점 이마트의 이야기를 다룬 《이마트 100호점의 숨겨진 비밀》은 여러 가지 측면에서 출간의 의의를 찾을 수 있을 것 같습니다.

첫째, 한국의 유통사流通史를 정리하고 대형마트의 나아갈 길을 제시하였습니다. 앞서 언급한 대로 10여 년간의 우리의 유통사는 도입에서 성장까지 격동이라는 표현이 어울릴 정도로 빠르게 진행되어 왔습니다. 유통개방, IMF 금융위기, 외국 대형마트와의 경쟁 등……. 그 가운데 한 기업이 어떻게 경쟁해 왔으며 고객의 필요에 어떻게 부응했는지를 당시 임원과의 생생한 인터뷰를 통해 밝혔다는 사실과, 향후 양대 유통망으로 성장할 온라인 유통과의 상생전략이 거론되었다는 것입니다. 특히 포화상태인 한국 시장에서 대형마트가 나아갈 방향에 대한 언급도 주목할 만합니다.

둘째, 마케팅 컨설턴트의 분석이 눈에 띕니다. 오늘날 신세계 이마트의 성공이 '우연'이거나 단순한 '트렌드'가 아니라 투자되고 기획된 신세계 이마트의 경쟁우위 전략임을 여러 요소를 들어 입증하고 있습니다. '이마트의 성공코드'란 그들의 땀과 노고라는 것입니다.

마지막으로 단순히 유통적인 측면뿐만 아니라 기업의 윤리경영도 부각되었습니다. 이제 우리의 유통업도 글로벌 기업으로서 비상할 시기로, 이를 위한 기업적인 요소를 갖추어야 하는데, 특히 신세계 이마트의 '윤리경영'은 글로벌 기업으로 발전할 수 있는 원동력이라는 점은 부정할 수 없습니다.

끝으로 《이마트 100호점의 숨겨진 비밀》이 한 기업의 기업사나 성공 스토리를 넘어서서 우리나라 유통업계의 좋은 풍향계가 되어주기를 진심으로 바랍니다. 그런 의미에서 유통업 종사자와 관계자 그리고 마케팅과 유통을 연구하는 후학들에게 널리 읽혀지기를 바라며 그간의 노고에 박수를 보냅니다.

이마트 100호점의
진짜 숨겨진 비밀을 찾아서

서용구 숙명여자대학교 경영학부 교수, 한국유통대상 심사위원

2008년 1월이 되면 한국 유통산업은 시장개방 만 12년을 맞이하게 된다. 그동안 국내 유통산업은 대형 할인점, TV홈쇼핑, 인터넷쇼핑몰 등 새로운 업태의 성장으로 급격하게 대형화, 국제화되었다. 그 결과 산업구조도 빠른 속도로 선진국형으로 변하고 있다. 다만 아직도 전체 유통시장에서 재래시장을 비롯한 생계형 소매업이 차지하는 비중이 선진국에 비해서 지나치게 높고 재래시장과 대형 할인점과의 갈등이 커지고 있다는 사실은 매우 아쉬운 점이라고 할 수 있다.

지난 10여 년간 특히 기업형 유통업이 눈부신 성장을 보였고 그 결과 2004년 이후 처음으로 롯데쇼핑과 신세계가 세계 100대 소매기업에 랭크되는(미국 〈스토어〉지 선정) 시장성과를 보여주었다. 100대 기업 진입은 삼성전자, 포스코 등의 국내 기업이 제조업에서 보여준 것처럼 이제는 소매업과 같은 서비스 분야에서도 국내 기업이 세계 정상급 기업이 될 수 있다는 것을 우리에게 시사해

주고 있다.

독자 여러분도 잘 아는 것처럼 소매시장에는 다양한 업태가 서로 경쟁하고 있다. 백화점, 할인점, 인터넷쇼핑몰, 재래시장, 전문점 등이 이들인데 지난 10년을 뒤돌아보면 이들 중에서 월마트, 까르푸 등 외국계 할인점들이 활발히 진출한 대형 할인점 시장이 가장 폭발적으로 성장했다.

국내 기업으로서는 신세계가 1993년 서울시 창동에 이마트 1호점을 출점하여 국내에 할인점 업태를 처음 도입한 이후 만 10년 만인 2003년, 할인점이 드디어 백화점을 제치고 한국을 대표하는 소매업태가 되었던 것이다. 우리는 종종 "10년이면 강산도 변한다."라고 말한다. 이는 한국 할인점 산업의 과거 10년 변화를 극명하게 표현하기 위해서 꼭 필요한 말이다.

10년 전에는 영국, 미국 등과 비교해서 우리나라 소비자들은 후진국 쇼핑을 해야만 했다. 그러나 현재에는 백화점과 할인점의 중간 수준인 '한국형 할인점'의 등장으로 이제는 전국 어디에서나 부담 없이 즐거운 쇼핑이 가능해졌다. 이제 한국형 할인점은 최상위 선진국 어느 매장과 비교해도 전혀 손색없는 수준의 서비스를 제공하고 있다고 평가받고 있다.

이상 살펴본 유통산업, 할인점 업태의 놀라운 성공에는 기업들 간의 처절한 경쟁이 있었다. 100% 외국계인 월마트와 까르푸, 합작기업인 삼성테스코, 그리고 국내기업인 이마트와 롯데마트 등은 전쟁에 가까운 출점 경쟁과 매출 경쟁을 하였다. 그 결과 2006년 까르푸와 월마트가 한국에서 철수하기에 이른다. 결국 지난 10년간 한국 할인점 시장에서는 두 개의 소매 브랜드가 승자라고 판정할 수 있겠다. 하나는 영국계 테스코가 운영하고 있는 홈플러스이며, 나머지 한 개는 대한민국 할인점에서 점유율 1위를 차지하고 있으면서 2006년 월마트 코리아를 인수한 신세계의 이마트이다.

대한민국 1등 할인점 이마트의 성공 스토리를 다룬 《이마트 100호점의 숨겨진 비밀》은 국내에서 처음으로 할인점 100호점을 돌파하고 월마트, 까르푸와 국내에서 싸워 이긴 이마트의 모든 것을 해부한 책이다. 나는 아래 두 그룹의 독자들이 이 책을 읽기를 강력히 희망한다.

첫째, 승자를 꿈꾸는 모든 기업체 CEO, 대한민국 모든 마케터들에게 이 책을 권하고 싶다. 1호점부터 100호점을 출점하는 과정에서의 스토리와 성공적인 시스템을 구축하고 운영하기까지의 세부 프로세스를 이마트 성공 주역들에게서 생생하게 들을 수 있기 때문이다.

둘째, 서비스 정책 관련 공무원, 유통 관련 연구자, 그리고 일반 소비자들에게도 이 책을 권하고 싶다. 왜냐하면 서비스 시장은 개방을 해야 경쟁력이 생긴다는 사례를 보여주고 있고, 10년 만에 세계 정상급 기업들과 치열한 경쟁을 통하여 초일류 서비스를 만들어내는 과정과 고객을 배려하는 서비스가 어떻게 승자를 만들어내는지를 생생하게 학습할 수 있기 때문이다.

프롤로그 : 취재노트

이마트의 홍위병이 아닌,
냉철한 마케팅 컨설턴트의 취재기

노트 1. 이마트, 그게 왜?

강가의 작은 물맷돌로 비교조차 안 되는 거인을 쓰러뜨린 성경 속의 인물 다윗. 월마트가 한국 철수를 결정한 날 외국 CEO들이 흥분하며 내게 던진 말은 "다윗, 그 이마트는 어떤 회사인가?"였다. 미국인의 자존심, 언제나 글로벌 기업의 신화를 몰고 다니는 그들에게 한국이라는 땅은 신비하고 오묘한, 그리고 이해가 안 가는 신천지였나 보다. 신세계 이마트라는 회사는 더욱 미스터리한 느낌의 회사였던지 자꾸 묻고 또 물었다. 사실 한국인인 나도 이마트에 대해서는 일천한 지식을 가지고 있었다. 백화점과 관련된 유통업체? 무지하다는 것이 그때만큼 한스러운 적은 많지 않다. 잠재된 나의 호기심이 그냥 놔둘 리 만무했다. '도대체 이마트라는 회사는 어떤 회사야?' 여기까지는 그냥 순수한 호기심일 뿐이었다.

노트 2. 미안하다, 무섭다, 고맙다

먼저 월마트는 미국 경영학도의 관심에서 거의 벗어난 적이 없는 이슈덩어리 회사라는 것을 뒤늦게 알았다. 논문 주제로 늘 1등을 기록하는 이 엄청난 기업. 인공위성을 띄우고,

창업자의 신화가 생생하게 상식의 허를 찌르는 월마트가 한국 철수를 선언했을 때 그 보도를 토픽으로 처리해야 했던 서구인의 충격을 우린 실감하지 못했다. 그것이 얼마나 큰 충격이었는지, 그 파장이 어떤 결과를 만들지조차 모르는……. 그냥 미안했다. 늘 기업에 겐 분석의 칼을 들이대는, 격려와 위로 한번 해주지 않는 냉혈한인 내가 미웠고 무서웠다. 인터뷰의 강도와 대상이 늘어갈수록 그들이 얼마나 고뇌하고 결단해야 했는지, 앞서 가기 위해 얼마나 피와 땀을 흘렸는지……. 일단 고마웠다. 매주 이마트의 고객으로 변신하는 내가 돈을 주고 사는 차원을 떠나 양질의 서비스와 좋은 상품을 공급받을 수 있다는 것이, 이런 연관성이 누구랄 것도 없이 고마웠다.

● ● ● ● ● ● ●

노트 3. 결단, 그리고 시스템

놀라웠다. 권한위임을 이토록 철저히 하고 있을 줄은……. 거짓말 같아 묻고 또 물었다. IMF 금융위기 때 공격적 투자로 전환한 일, 이마트만의 시스템을 개발하기 위해 반복에 반복을 거듭했던 투자와 적용, 저비용의 원칙을 지키고 고객의 변화에 탄력적으로 적응했던 그들의 순발력……. 초조하게 쫓기지 않고 일관성 있게, 그리고 파워풀하게……. 이마트의 속살이 서서히 드러나고 있었다.

노트 4. 작은 출발, 성공은 기다려주지 않는다

이마트와 세 명의 전사. 책상 앞에 앉아 평생 알지도 못하고 경험도 해보지 못한 할인점에 대해 무언가 만들어야 했던 그들의 막막함과 절망감이 피부로 전해져 왔다. 벼랑 끝에 선, 그래서 오기로 똘똘 뭉친 3인의 전사가 내린 결정이 한낮의 빛처럼 눈부시다. 그 패기가 대형 할인점의 시발점이요, 이마트의 모습이라니……. 성공만을 위해 달린 그들의 투

● ● ● ● ● ● ● ● ●

지에 또 한 번 나는 놀란다. 기록이 떨린다.

노 트 5. 이웃 아저씨 같은 맘 좋은 기업, 똑똑한 형님 같은 기업

고민이 많다고 했다. 대한민국 기업으로서 지고 가야 할 부채들…… 끊임없이 변화하고 이끌어가야 할 현실적인 문제부터 고객은 물론 이 사회에 환원해야 하는 기업의 사회적 필요성까지도. 소금 장수와 우산 장수를 둔 어머니의 마음 같아 보였다. 이마트는…….

노 트 6. 누구의 눈으로 지켜볼 것인가

어떤 관점으로, 입장으로 지켜볼 것인가에 따라 얘기는 다르게 전개될 것이다. 솔직히 저 자로서 말하자면 비판보다는 대안을, 그리고 앞서 얘기한 대로 건강한 시각에서 조명하고 싶었다. 우리나라에서는 시장원리에 맡기기보다는 포퓰리즘에 가까운 사회적 공의에 의해 단죄하려는 경향이 있다. 작위적이기보다는 자연적 흐름을 관조하는 성숙한 자본주의가 그래서 아쉽다. 얼마 전 버크셔헤서웨이 주주총회 개회를 앞두고 워렌 버핏과 함께 기자회견장에 나타난 찰스 멍거 부회장은 "한국 기업 가운데 가장 관심 있는 기업이 무엇이냐?"라는 질문에 서슴없이 신세계라고 답했다. 그는 "매장 위치가 좋으며 뛰어나고, 시장에 대한 지배력이 있다."라고 평가했다. 어떤 의도로 그런 대답을 했는지 모르지만 그의 말에는 종합적이고 통찰력 있는 기업관이 묻어나 보인다.

노 트 7. 잘 아는 것이 좋은 정보다

신세계 이마트의 기업정보를 알아내고 경영진들을 인터뷰하는 것은 결코 쉬운 일이 아니었다. 인터넷에 무수히 떠다니는 블로그나 논문 등의 정보들이 정확도에서 문제가 있다는 것을 알았다. 심지어 근거도 없는 내용들이 지식의 바다에 부유물처럼 떠다니고 있었다. 향후 기업도 포장지 같은 광고나 PR에 전념할 것이 아니라 진솔한 정보를 공개하고 업그레이드하는 새로운 차원의 대고객 서비스를 전개해야 할 것이다.

노 트 8. 《 이 마 트 1 0 0 호 점 의 숨 겨 진 비 밀 》 의 또 다 른 저 자

먼저 이 책을 쓰기까지 모든 것을 주관하신 하나님께 큰 영광을 올리며, 바쁜 일정에도 인터뷰에 성실히 임해준 신세계 전·현직 임원진들께 감사를 드린다. 특히 실무적으로 도움을 준 박주성 홍보실 상무, 이세영 홍보실 과장, 박민숙 대리, 강지은 주임, 취재에서 정리까지 혼신의 힘을 다한 박문선 센트러스트 홍보과장, 그리고 신기수, 박보영, 상해의 박햇별 등에게도 감사의 말을 전한다. 다니엘 케이시, 샘, 에디, 조셉, 앨런, 지훈 부부, 허천회 목사님, 호주의 김태훈 목사, 브랜던, 상범, 석배, 성호, 성민, 코스타 곽수광 목사와 그 사랑스런 가족, 평양과기대 김진경 설립총장, 숭실대 정대용 교수, 황형택 목사님, 함께하는교회 홍민기 목사님, 탤런트 송재호 님 등 고마워할 분들은 이미 손으로 꼽기에 부족하다.

● ● ● ● ● ● ● ● ● ●

나이가 들어가면서 이토록 고마움의 부채가 늘어난다는 것은 내가 해야 할 일이 많다는 증거일까? 끝으로 20년 넘게 부족한 남편을 친구처럼 아끼고 사랑한 내 아내 장애진, 유일한 혈육 주희에게도 사랑의 메시지를 전한다.

● ● ● ● ● ● ● ● ●

Chapter 1

●

이마트, 전국에 불처럼 일어나리라

01 할인점의 첫 깃발을 꽂아라

1993년 11월 12일, 유동인구도 그리 많지 않은 창동에 지상 2층 4958.7㎡(1500평) 규모의 대형 할인점이 최초로 문을 열었다.

이마트 1호점인 창동점은 백화점처럼 화려하지도, 슈퍼마켓 Supermarket●처럼 번잡하지도 않은 낮은 창고형 마트였다. 그러나 조금은 생소한, 조금은 이질적인 모습을 띄고 있었다. 오전 10시, 개장은 했지만 늦가을의 스산한 날씨처럼 썰렁한 분위기였다. 당시 이마트 1호점 개발팀 차장으로, 이마트의 탄생과 창동점 오픈 작업을 진두지휘했던 정오묵 신세계마트 대표는 다음과 같이 회상한다.

"10시 30분에 개장을 해야 하는데 10시 15분까지 입구에 개미 한 마리도 보이지 않았습니다. 피가 바짝바짝 마르더군요. 그동안 고생

●**슈퍼마켓**SM 식품소매업의 업태 유형을 정의하는 기본이 되는 점포. 식품을 중심으로 일부 가정잡화도 취급하고 저가격, 저마진으로 부문별 관리를 하고 셀프서비스 판매를 하는 점포를 말한다. 일본에서는 1485㎡ 이하, 미국에서는 2640㎡ 이하의 점포로, 컨벤셔널형(종래)이라고 불린다. 그 이상은 슈퍼슈퍼마켓SSM이 된다.

한 시간들이 한순간 날아가버릴 것 같았습니다. 궁여지책으로 우리 사원들을 입구에 보내 손님처럼 가장해서 세워놓았는데……. '이거 실패하는 거 아냐?' 하는 불안감이 엄습해 오더군요."

잠시 후 이마트가 제시한 파격적인 가격은 입소문을 타고 입에서 입으로 전해졌다. 오후부터 인파가 몰려왔고 인기 상품 코너는 물건이 바닥났다. 매입 담당자는 왜 우리가 동네 슈퍼보다 싼값에 물건을 대줘야 하느냐는 제조업체의 거부로 애가 타야만 했다. 급기야 어떤 제조업체는 매장 입구에 트럭을 대놓고 자신들의 물건을 박스째 사 갈 정도로 제조업체의 저항과 반감은 만만치 않았다.

1993년 이마트 창동점이 문을 열 당시에는 백화점 업체의 저성장으로 대체 소매업태의 개발이 절박했다. 그 구체적 원인은 백화점들 간의 치열한 경쟁으로 광고판촉비의 과다지출과 부담스런 입지투자였다. 또한 다른 한편으로 소비자의 셀프서비스에 대한 인식 확산, 해외여행이나 해외출장 등을 통한 상품정보의 보편화 등이 백화점 사업의 전망을 불투명하게 만들었다. 이 밖에 주부와 여성들의 적극적인 사회진출과 자동차의 급속한 보급으로 상권 입지의 중요도가 하락한 것도 백화점보다 대형 할인점의 선호를 부추기는 요인이었다. 또한 한우 파동이나 사기 세일 등 악재도 한몫을 했다.

그렇다면 왜 이마트 1호점은 창동 지역이었을까? 1980년대 후반 창동은 제지공장이 들어서 있는 외곽지역이었다. 그곳에 삼성건설이 아파트를 지으려고 6616.6㎡(2000평)의 부지를 소유하고 있었는데, 여러 연고를 통해 신세계백화점이 이곳을 매입하게 되었다. 그러나 부지의 이용에 선뜻 나설 수는 없었는데, 그것은 다름 아닌 슈퍼나 할인점을 백화점보다 낮은 개념으로 보는 냉소적인 시각과 1970년대 슈퍼 사업에 진출했다가 쓰디쓴 맛을 본 과거 전력 때문이었다. 막상 토지를 매입하고도 무엇을 어떻게 해야 할지 모르는 벽에 부딪혔다. 엎친 데 덮친 격으로 당시 정부의 비업무용 토지 매각 처분 지시에 따라 5~6년 내 개발하거나 매각하지 않으면 낭패를 볼 처지였다.

당시 신규 사업을 고민하던 경영진은 미국에서 보았던 월마트와 K마트의 다점포 경영에 뜻을 두고 있었다. 좋은 품질의 상품을 값싸

1993년 11월 12일 이마트 1호점인 창동점이 문을 열었다.

게, 신속하게 소비자에게 공급하는 할인점이 고전을 면치 못하던 백화점 사업에 새로운 전환점이 되어줄 것 같았다. 그러한 희망으로 곧 새로운 유통 개척을 위한 팀을 꾸렸다.

그러나 신규 사업팀의 인원은 단 세 명이었다. 그것도 지원자가 아닌, 차출된 직원이었으며 팀장은 고작 과장급이었다. 자의가 아닌 타의로 생전 처음 해보는 일을 떠맡은 직원들은 자괴감이 컸다. 대체 무엇을 어디서부터 어떻게 해야 할지 도무지 감이 잡히지 않는 것도 당연했다. 그때 조직된 다른 사업팀도 있었는데, 강남에 명품 백화점을 준비하는 개발팀이었다. 인원은 30여 명 내외, 해외출장 혜택 등 대우가 그야말로 하늘과 땅 차이였다.

그들은 두 달 간 책상 앞에 앉아서 고민에 고민을 거듭했다. 경영진의 생각을 따라갈 수가 없었다. 수없이 기획안을 올렸지만 할인점의 '할' 자도 모르는 처지다 보니 기획안은 공염불이나 다름없었다. 급기야 신규 사업팀은 궁즉통의 심정으로 가까운 유통 선진국 일본에 견학을 가기로 했다. 일본 출장도 출발부터 쉽지 않았지만, 무턱대고 일단 구경이라도 하자는 절박한 심정으로 일본으로 날아갔다.

일본 안에서도 실험적인 성격이 강한 다이에이Daiei는 이들에게 할인점의 개념을 좀 더 잘 이해할 수 있는 계기가 되어주었다. 당시 일본 할인점은 회원제로 운영되고 있었으므로 신규 사업팀은 일반 고객과 같이 회원카드를 발급받은 후 할인점 매장 내부를 확인할 수 있었다. 말로만 듣던 할인점의 속살이 드러나는 순간이었다. 정말 천신만고 끝에 길을 발견한 기분이었다.

이마트 창동점 오픈 당시 창고형 마트였던 내부 모습.

창고 같은 매장에 가득가득 쌓여 있는 물건들, 그리고 필요한 물건을 고르는 고객들의 쇼핑 모습은 가히 충격적이었다. 그 순간 유통업에서 잔뼈가 굵은 그들에게도 회의가 몰려왔다.

"과연 한국에서 이런 방식으로 재래시장을 제치고 성공할 수 있을까?"

그러나 다른 한편으로 오기도 발동했다.

"아니다, 한 10개월 배수진을 치고 개발해 보자. 우리가 그간 겪은 고생을 헛되이 할 순 없다."

이렇게 시작된 창동점 오픈 준비는 제조업체의 납품 거부로 또 한 번의 위기를 겪는다. 할인점의 불투명한 미래와 대리점 체계를 허물 수 없다는 절박감 등이 뒤섞인 복합적인 이유였다. 제조업체의 반발은 할인점의 운명을 위협하는 요소로 작용했다. 빈대 잡으려고 초가삼간을 태울 수는 없다는 것이 제조업체들의 논리였다. 초창기 오픈 맴버들은 누구라고 할 것 없이 매입에 매달려야만 했다. 부족한 물건은 물류회사를 찾아가서라도 밤낮 없이 채워놓는 것이 그들의 일이었다.

당시 유통시장은 제조업체가 주도권을 잡고 있던 시대였기 때문에 이는 어찌 보면 당연한 통과의례였는지도 모른다. 대기업과의 갈등으로 결품되는 사태도 일어났고, 왜 ○○상품은 없느냐는 고객의 항의를 받기도 했다.

3인의 전사를 비롯하여 이마트 창동점을 연 초창기 멤버들은 계산대에서부터 주차관리까지 누구 일이라 할 것 없이 뛰어들어 밤낮으로 부대끼며 오늘의 신세계 이마트를 세웠다. 짙은 안개 속에 첫발을 내딛으며 오로지 오기로 이 치열한 경쟁시대에 개척자로서 생존해낸 그들.

1993년 이 땅의 할인점은 암흑도 아닌, 여명도 아닌 그 모습 그대로 첫 깃발을 꽂았다. 그리고 이 깃발은 곧 대한민국 전국에서 불처럼 일어나게 되었다.

정오묵 신세계마트 대표이사

이마트의 시작은 정말 우연이었지만,
성공은 노력이었습니다

정오묵 (주)신세계마트 대표이사는 신세계 이마트의 '살아 있는 역
사'나 다름없다. 1호점인 창동점 점장으로, 이마트를 만든 주역이며 이
마트의 성장을 일군 장본인이다. 그는 이마트가 할인점의 선두주자로
서 수익을 내야 하는 본래 역할 외에도, 사회적 책임을 다하는 기업문
화를 균형 있게 잘 수행해 나가고 있다고 평가한다. 또한 직원들의 자
부심과 주인의식을 고취하여 한 가족이라는 마음으로 경영하는 '이마
트의 경영철학'을 힘주어 강조한다.

백화점 업계의 미래가 불투명했습니다

1990년대 초반, 한국의 백화점 업계는 대체로 일본 업계를 벤치마킹하는 경향이 있었습니다. 1980년대 후반 올림픽이 끝나면서 유통업도 경제의 한 단면이나 변화로 보였는데, 그런 기대에 비해 유통업의 위상과 신뢰는 그다지 바람직한 방향으로 흐르지만은 않았습니다. 저가판매를 일관성 있게 유지하는 것도 아닌데 매월 세일판매가 이뤄지고 있었습니다. 한우 파동이니 사기성 세일이니……. 판매도 지금처럼 고급 상품이 아니라 매대 상품이나 미끼 상품이 주였습니다.

지금 생각해 보면 당시 신세계나 롯데백화점은 할인점 수준이었던 것 같습니다. 저가 상품을 알리는 현수막이 날이면 날마다 백화점 건물에 매달렸으니까요. 일본 백화점 업계도 우리처럼 정체성도 모호하고 수익구조도 빈약한 상태라 불황 아닌 불황을 겪고 있었는데, 그 여파가 결국 우리에게까지 밀려온 것입니다. 백화점 수익 상황은 날로 악화되고, 설상가상으로 마케팅 및 판촉비용은 더욱 커져만 갔습니다. 다시 말해 미래의 성장가능성이 불투명했던 거죠. 한마디로 딜레마에 빠진 겁니다.

그런데 역시, 죽으라는 법은 없나 봅니다

사업에서 새로운 기회란 엉뚱한 곳에서 뚝 떨어지는 것은 아닙니다. 이마트 1호점이 왜 창동에 세워졌는지 아십니까? 그 부분을 알아야 이마트의 탄생이 이해가 될 것입니다. 원래 1980년대 후반 창동은 제지

공장이 들어서 있었습니다. 그곳에 삼성건설이 아파트를 지으려고 개발부지 6611.6㎡(2000평)를 보유하고 있었습니다. 이 땅을 신세계백화점이 매입하게 된 것입니다.

그런데 신세계 입장에서는 이 땅이 골칫거리가 되고 말았습니다. 솔직히 그 당시 임원들은 슈퍼마켓이나 할인점을 백화점에 미치지 못하는 하급 개념으로 치부했던 거죠. 왜냐하면 1970년대 슈퍼마켓 사업을 벌이다가 철수한 뼈아픈 기억이 있었고, 백화점은 순수한 유통업이라고 인식했기 때문입니다.

막상 토지를 매입하고 나니 백화점 외에 다른 유통업을 하기에는 엄두도 나지 않았고, 매입하겠다는 임자도 나타나지 않았습니다. 그런데 당시 노태우 정부의 비업무용 토지 매각처분 지시에 따라 서둘러 처리하지 않으면 안 될 상황이었습니다. 5~6년 내에 개발하지 않으면 막대한 세금을 물어야 할 판이었죠. 그런데 경영진 가운데 한 분이 해외의 월마트나 K마트와 같이 백화점을 대체할 만한 다점포 경영에 관심을 가지고 있었습니다. 그렇게 해서 할인점이 떠올랐던 거죠.

신세계 회사생활 10년 만에 창동점 개발팀으로 차출되었습니다. 그땐 이마트라는 이름도 없을 때니, 그냥 유령팀이나 다름없었죠. 솔직히 처음에는 충격이었습니다. 이게 나보고 회사를 나가라는 소린지, 아니면 내가 관둬야 하나⋯⋯. 그런데 그냥 그만두기에는 오기가 생기더군요. 그렇게 우리 팀 세 명이 꾸려진 겁니다. 다들 할인점의 '할' 자도 모르는 사람들로 말입니다. 그 당시 개발팀이 두 개가 생겼는데, 우리 팀과 강남에 명품 매장을 만들 백화점 팀이었습니다. 우리는 세 명, 그 쪽은 아마 30여 명쯤 되었던 것 같습니다. 해외출장도 그 팀은 한 달에 한두 번꼴로 가는데 우리는 사내에 있는 자료만으로 기획안을 마련해야 했으니 우리 심정이 어떠했겠습니까.

두 달 동안 책상머리에서 고민에 고민을 거듭했죠. 물론 뾰족한 아이디어는 없었습니다. 그래서 일본을 다녀오겠다고 했죠. 일본 출장비도 겨우겨우 받아냈습니다. 여러 난관 끝에 세 사람이 함께 일본 출장을 떠나서, 일본 고베의 코우즈Kou's Club를 견학했습니다. 나중에 안 일이지만, 코우즈는 프라이스클럽 같은 회원제 홀세일클럽이었습니다. 그때는 회원제가 뭔지도 모르던 시절이니……. 지금은 매각되었지만, 코우즈는 다이에이 회사의 할인점이었습니다.

그리고 하이퍼마트를 견학하면서 우리는 비로소 창고형 매장의 특징을 어렴풋하게나마 이해하게 되었습니다. 그리고 이어서 도심에 있는 NSCNeighborhood Shopping Center 개념의 할인점, 다이에이, 자스코 같은 매장들을 방문했습니다. 한편 외곽에는 양판점이라 불리는 GMSGeneral Merchandising Store●가 개발되고 있었습니다. 지금이야 편의점인 CVSConvenience Store●●가 GMS를 앞지르고 있지만 말입니다.

하여간 우리는 곤돌라Gondola●●●라는 적재 시스템도 보았습니다. 사원이라고는 캐시어와 창고 직원 몇 명 외에는 거의 없었습니다. 인건비도 줄이고 비용도 줄이는 회원제라 그땐 생소하기도 했지만, 무엇보다 한국 소비자들에게 먹힐 것인가가 고민이었습니다. 과연 재래시장

●GMS 잡화, 의료품, 전기제품 등 대중적인 생활 필수품을 갖추어 소비자가 원스톱 쇼핑을 할 수 있도록 만든 대규모의 대중 종합 소매점을 말한다. 특히 PB상품을 많이 취급한다. 미국에서는 식료품을 취급하지 않고, 일본에 있는 GMS는 미국의 GMS와는 별개의 업태로 생각하고 있으며, 일본형 슈퍼스토어라고 불리기도 한다. ●●CVS 일상생활에 필요한 최소한의 식품, 일용잡화를 판매하는 점포를 말한다. 기본적인 기능은 고객의 편리함이나 편의성으로, 고객의 니즈에 대응하여 상품의 내용을 바꾼다. 장시간 영업으로, 99㎡ 내외의 매장에서 3000품목의 상품을 다룬다. ●●●곤돌라 할인점이나 슈퍼마켓 등에 있는 냉장케이스 이외의 드라이 그로서리 상품을 진열하는 다단의 선반.

과의 경쟁에서 이길 수 있을 것인가…….

우리는 한국으로 돌아와 정책심의회에 안건을 올렸습니다. 그리고 창동을 1호점으로 확정했습니다. 사실 지금 생각해 보면 과장급 세 명이 올린 안건이 보름 만에 확정된 것도 우습지만, 그것이 한 회사의 미래를 결정지었다는 것도 대단한 일입니다. 그러나 그것이 이마트의 성공 비결이었습니다.

항간에 이마트의 이름이 이명희 회장님의 성을 따서 만든 거라는 설이 있습니다. 물론 어느 정도 설득력은 있지만, 그때만 하더라도 백화점 사업이 절대우위를 차지하던 때라 비주력 사업인 할인점에 오너의 이름을 넣을 수는 없었습니다. 이마트의 이E는 경제적이라는 의미의 'Economic', 매일 싸게 판다는 취지의 'Everyday Low Price'●, 계산하기 쉽다는 'Easy counting'에서 따온 겁니다. 3E인 거죠. 지난 이야기지만, 기왕 영어로 지을 거면 에이A 마트라고 짓는 것이 어떠냐는 말도 있었습니다. F학점에 가까운 E가 뭐냐는 거죠.

이름에서도 알 수 있듯이 이마트의 시스템은 백화점에 반대함으로써 시작됐던 겁니다.

이마트식 할인점 개발,
과연 무슨 의의가 있는 걸까요?

대만을 한번 살펴볼 필요가 있습니다. 1986년 유통개방 후 대만 할인업계는 로컬기업 하나 없이 마크로와 까르푸가 다 장악해 버렸습니

●**Everyday Low Price** 매일 철저하게 동일의 저가격 상품을 계속해서 내놓는 상품전략으로, EDLP라 불린다. 어느 특정 기간만이 아닌 계속적으로 저가격으로 상품을 판매하는 것. 이 정책을 가능케 하기 위해서 머천다이징의 힘과 로 코스트 오퍼레이션Low Cost Operation이 필요하다. 이에 반해 특매 등에 의한 가격을 변동시켜 판매하는 것을 하이-로 정책이라 한다.

다. 그러나 한국에서 이마트는 마크로와 까르푸와 경쟁해서 이겼습니다. 그 이유는 무엇이겠습니까? 외국 기업들은 해외에서 성공한 사례를 한국에 적용하려 했습니다. 그런데 그게 그들의 실패 요인이었습니다. 내가 창동점장이 된 후에 우리는 외국 마트를 흉내 내기보다 고객의 한마디 한마디를 귀담아 들으려 했습니다. 이마트는 한마디로 진화의 역사로 만들어진 겁니다. 까르푸나 월마트는 본사가 원하는 대로 바꿨지만, 우리는 고객이 원하는 대로 변화를 모색했습니다.

창고형에서 변화가 시작되었습니다. 그리고 바꿀 것과 안 바꿀 것을 고려하여 고치고 또 고쳤습니다. 왜냐하면 우리에겐 노하우가 없었기 때문입니다. 수익을 올릴 수 있는 고객의 소리는 무조건 수용하고, 비용 대비 수익에 걸림돌이 되는 것은 허용하지 않았습니다. 그 대표적인 것이 배달입니다. 물론 한국 고객은 배달을 원합니다. 이마트도 초기에 배달을 했지만 2~3년이 지나면서 하지 않는 것을 원칙으로 하고 있습니다. 효율성을 따져보아 그렇게 한 것이죠. 다만 전자제품처럼 공장에서 나가는 물류비가 적용되는 부분은 예외로 하고 있습니다. 왜냐하면 상품만 매장에 두고 제품은 제작처에서 직접 배송할 수 있는 시스템을 구축했기 때문입니다.

그래서 고객이 원하는 것과 효율성을 따져보아야 한다는 것입니다. 만약 이마트가 없었다면 한국 할인점은 외국계 기업이 장악하고 말았을 겁니다. 그럼 국내 유통업의 미래는 암담해졌겠죠.

이마트 하면 역시 신선식품이 핵심역량입니다

신선매장에서 오징어를 낱개로 포장하여 판매하고 있다.

사실 월마트는 알다시피 공산품이 중심입니다. 물론 월마트에도 슈퍼센터Super-Center●라 하여 식품을 취급하는 곳이 있기는 합니다. 그런데 신선식품은 이익을 내기가 어려운 상품이라 머니리스 엠디Moneyless MD라고까지 부릅니다. 1992년 미국 전역에 열두 개 월마트가 신선식품을 취급했다고 하지만, 월마트로서는 공산품에 치중할 수밖에 없었습니다.

우리나라 주부들이 매번 장을 보면서 관심을 쏟는 것은 바로 야채와 생선입니다. 이것을 사지 않고는 장을 봤다고 할 수 없습니다. 곧 마트에 올 이유가 없는 거죠. 가정주부들을 빈번하게 방문하게 만들기 위해서는 설령 신선식품이 돈이 안 되더라도 취급할 수밖에 없다고 판단했습니다.

그런데 이것이 이마트의 가장 큰 경쟁력이 되었던 것입니다. 일본만 하더라도 우리처럼 신선식품이 다양하지 않고 아직까지 대용량 위주로 판매하고 있습니다. 1997년 정용진 부회장이 일본을 다녀온 후 낸 아이디어가 "신선식품을 100% 직영으로 하고 조리식품을 만들어라."였습니다. 핵가족화와 맞벌이 등으로 가사노동 시간이 줄어들 것이라는 판단에서였죠. 이 생각이 적중하여 이마트를 한 단계 업그레이드하는 계기가

●**슈퍼센터** DS Discount Store＋SSM의 점포로 식품 매장을 충실히 하고 비식품의 콤비네이션을 꾀한다. 통상 매장 면적 9240㎡ 전후의, 효율적인 오퍼레이션에 의한 저가격 실현과 쇼핑의 편리성을 추구하여 개발된 하이퍼마켓의 소형판.

되었습니다. 결국 월마트를 이겨낸 경쟁력은 이러한 사소한 배려에서 나왔습니다.

이마트는 최초와 최고를 추구하되, 시도와 변신을 두려워하지 않습니다

사실 이마트의 끊임없는 아이디어는 고객의 소리와 해외시장 벤치마킹에서 나온 결과물입니다. 정용진 부회장의 경우 두 달에 한 번씩 해외로 시장조사를 나갑니다. 이젠 소비자도 양보다는 질을 따라 이동하고 있습니다. 유기농 제품을 취급하는 이마트의 친환경 자연주의가 바로 그 때문입니다. 그런 샘플을 해외에서 발견하고 적용했지요.

이마트는 PL에서 차별화된 경쟁력을 키우고 있습니다. 할인점 업체는 대체로 차별화된 요소를 찾을 수가 없다고 합니다. 기껏 광고 전단지나 뿌릴 줄 안다는 것이죠. 그러나 이마트가 무언가 시도하면 다른 할인점도 곧 뒤따라옵니다. 이젠 최저가격 보상제를 비롯한 많은 서비스를 다들 하고 있습니다.

역설적으로 들리겠지만 바로 이때 기존 제품에 플러스 알파가 되어야 한다는 겁니다. 예를 들어 라면 하나도 유기농으로 만든다든지, 싸게 파는 것보다는 기능이 차별화된 PL 상품을 개발한다든지 말입니다. 그런 점에서 우리 이마트는 최초와 최고를 추구하되 시도와 변신을 두려워하지 않습니다.

지금부터 문제는 롱런입니다

그렇게 하기 위해서는 신속한 의사결정이 따라줘야 합니다. 초기에는 소수로 가능했지만, 현재 우리 이마트는 임원만 하더라도 스무 명에 달합니다. 이제 우리가 원치 않아도 관료화되고 문제도 생길 것입니다. 1993년 초창기만 하더라도 할인점의 경영 전략은 백화점과 정반대로 나가면 됐습니다. 그럼 판촉비도 줄고 광고비도 줄었습니다. 그런데 지금의 할인점은 어떻습니까? 백화점인지 할인점인지 구분이 가지 않습니다. 조직이 거대해지면 앞으로의 문제를 고민해야죠. 최근 정부 주도로 출점을 자제하라는 요구도 받고 있고, 지역 재래시장과의 상생관계도 고민해야 합니다.

아직 우리나라에는 대기업이 볼륨을 키우는 것에 대한 부정적인 시각이 있습니다. 그러나 꼭 그럴 일만은 아니라고 봅니다. 우선 고객들이 할인점을 선호하는 것이 현실입니다. 이마트에 오면 살 수 없는 물건보다 살 수 있는 물건이 더 많기 때문입니다.

이제 이마트의 미래를 고민해야 합니다. 시장논리만이 정답은 아니니까요. 이마트가 백화점에 반反하여 탄생했듯, 언제 어디서 이마트에 반하여 탄생할 유통기업이 생길지도 모릅니다. 삼성그룹 이건희 회장이 5년 후에 무엇을 먹고 살지 고민해야 한다고 말했듯이 말입니다.

직원들에게 지시보다 자긍심을 심어주어야 합니다

솔직히 이마트는 타 업체에 비하면 직원들의 전문성이 높다고 생각됩니다. 1990년대 초까지 신입사원들은 100% 토착인력이었습니다. 특별한 부서 외에는 초창기부터 동고동락한 인력들이 진급하며 함께 성장했습니다. 인력 속도보다 점포 개점이 더 빨랐으니까요. 1996년부터 경력사원을 뽑기 시작했는데 식품 분야는 CJ 인력들이 유입되었습니다. 신세계는 유통사관학교이고 CJ는 식품사관학교라고 이미 정평이 나 있었지요. 이러한 인력 중시 이념은 이번에 월마트의 직원을 거의 100% 고용 승계한 것을 보아도 알 수 있을 것입니다.

그리고 직원들을 집중적으로 교육합니다. 고객 접점 선상에 있는 현장 직원이 가장 소중하니까요. 점포에 근무하는 사람들의 충성심과 애사심에 따라 고객을 대하는 태도가 달라지는 것은 자명한 사실입니다. 고객도 종업원의 태도를 보고 그 회사의 서비스를 평가하지 않습니까? 그래서 교육이 중요합니다. 특히 캐시어를 중점적으로 교육시킵니다. 고객이 느끼는 사원의 평가는 점장이나 팀장이 아니라 현장에 있는 직원입니다.

15차에 걸쳐 교육에 들어가는데 두 달 반 정도 소요됩니다. 저도 강사로 참여했습니다. 사원들에게 회사의 진정성도 가르쳐주고 자부심을 심어줄 뿐 아니라 관심도 기울여야 하기 때문입니다. 외국 유통업체는 이런 부분이 많이 부족한 듯했는데 아마도 개인주의 성향이 짙기 때문일 겁니다.

오늘 내방한 고객이 내일 다시 오지 않으리란 법 없지 않습니까? 이게 소매점의 생리입니다. 그렇다면 오늘 끝낼 건 오늘 끝내야 하는데, 그러려면 서로 돕는 공동체의식이 살아 있어야 합니다.

초창기 멤버로서 되돌아보면 현재의 이마트는 브랜드가치도 높고 처우도 상당히 좋습니다. 우리 직원들이 퇴직 후 자식들을 데려와 자랑스럽게 얘기할 직장이 되었으면 합니다. 내 직원들이 우리 제품과 회사에 자긍심이 없다면 과연 고객들이 좋아할까요? 아니, 우리 직원들이 우리 제품을 살까요?

대한민국 유통의 패러다임을 예감하다

국내 유통산업의 특징은 초기에는 정치적, 경제적 환경에
의하여 발전해 왔으나 그 후에는 사회적, 문화적 환경과
기술발달에 힘입어 발전한 경향이 있다는 것이다.

특히 후자는 1981년 (주)뉴코아에 의해 도입된 편의점과, 1993년
신세계백화점에 의해 도입된 할인점, 그리고 IT기술 도입과 보급에
따른 TV홈쇼핑과 인터넷쇼핑몰의 예로 설명될 수 있다. 그렇다면
우리나라의 유통산업은 어떤 발전 과정을 거쳐왔으며 이후 등장한
신 업태의 경쟁력은 어디 있는지 그 흐름을 짚어보기로 하자.

우선 근대화된 소매업태의 등장은 백화점에서 시작되는데, 즉 일
제강점기의 정치적 환경 속에서 일본인에 의해 태동되었다. 이것이

미쓰코시백화점 경성 지점이었다. 당시 시대적 상황으로 보아 일본이나 서양인들을 위한 물품이 생산되거나 유통되지 않았으므로, 이를 수입하여 유통시킬 시설이 절대적으로 필요했다. 이렇게 시작된 근대화된 백화점은 6·25전쟁 등 정치적 환경으로 인해 부유층의 전유물로 애용되었다.

그리고 백화점 이후 신 업태로 등장한 것이 경제 재건기의 슈퍼마켓이었다. 경제개발 5개년 계획의 시행을 통한 경공업 육성 정책으로 생활필수품의 대량생산이 이루어짐에 따라, 이들을 유통시킬 유통시설이 절실하게 필요해졌다. 이런 필요에 따라 1968년 충무로 삼풍상가 지하에 매장 면적 약 1322.32㎡(400평) 규모로 '삼풍슈퍼마켓'이 개점했다. 이것이 국내 최초의 슈퍼마켓이었다. 이 점포는 다

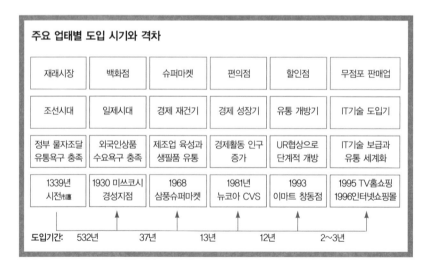

주요 업태별 도입 시기와 격차

재래시장	백화점	슈퍼마켓	편의점	할인점	무점포 판매업
조선시대	일제시대	경제 재건기	경제 성장기	유통 개방기	IT기술 도입기
정부 물자조달 유통욕구 충족	외국인상품 수요욕구 충족	제조업 육성과 생필품 유통	경제활동 인구 증가	UR협상으로 단계적 개방	IT기술 보급과 유통 세계화
1339년 시전市廛	1930 미쓰코시 경성지점	1968 삼풍슈퍼마켓	1981년 뉴코아 CVS	1993 이마트 창동점	1995 TV홈쇼핑 1996인터넷쇼핑몰

도입기간: 532년   37년   13년   12년   2~3년

양한 공산품과 신선식품을 취급하는 본격적인 슈퍼마켓의 모습을 갖추고 있었다.

1970년대 정부 주도의 수출 정책은 경제성장을 이끈 강력한 견인차가 되었는데, 이 덕택에 제조업에 기반을 둔 신 부유층이 등장하게 되었다. 바로 이때 그동안 침체되었던 백화점 업계에 대기업이 속속 진출하였다. 화신백화점 건물은 삼성이 인수하였고 대농이 미도파 백화점을 인수하였으며 롯데가 본격적으로 백화점 사업에 뛰어들면서 백화점 업계는 일대 전환기를 맞이하게 되었다.

대기업의 치열한 경쟁으로 백화점 업계는 확장기를 맞았다. 또한 강남 지역의 신도시 개발과 함께 뉴코아 등의 중소형 백화점이 새로이 진입하여 본격적인 백화점 시대가 열렸다. 전성기 이후 1990년대 초반은 백화점과 재래시장을 양축으로 취약성을 면치 못하는 과도기였으며 이후 일종의 침체기에 접어든다. 이때 수요의 주체인 소비자들의 합리적이고 실용적인 구매형태의 변화를 충족시켜 줄 새로운 업태가 등장하는데 그것이 바로 대형 할인점이었던 셈이다.

일반적으로 할인점은 디스카운트스토어Discount Store●, 디스카운터 discounter라고 불리며, 주로 내구성 소비재를 중심으로 저가 판매하는 대규모 소매점을 말한다. 이 업태의 특징은 건물, 인건비, 일반관리비를 절감하기 위해 점포는 도시 교외, 간이형 건물에 세우고 매장설비에는 투자하지 않으며 상품의 회전율을 높이기 위해 물류 시스템을 합리화(POS 시스템)하고 부가가치 통신망을 도입, 판매동향을 파악하여 상품 구색을 맞춰가는 것 등이다. 대체적으로 평균마진율과

●디스카운트스토어 주로 비식품의 NB, PB로 제너럴 머천다이즈 스토어에 있는 상품 중에 대중용품, 실용품을 저가격으로 판매하는 대형 셀프서비스점, 미국에서 통상 매장 면적은 4950~9240㎡이다.

주요 할인업태 분류

할인업태 유형	주요 특징
디스카운트스토어 Discount Store	■ 비식품 위주의 생활필수품을 구비하고 저비용 운영에 의해 20~30% 저가 판매하는 업태 ■ 인구 30만~40만 명을 상권으로 하며 셀프서비스 판매 방식을 기본으로 함 ■ 중앙집중 매입방식으로 원가를 낮춰 저단가 상품의 고회전 실현 ■ 월마트가 대표적 업체
하이퍼마켓● Hypermarket	■ 일반적인 슈퍼마켓에 비식품류를 강화한 업태 ■ 총 아이템 수 4만 5000~6만 개 정도이고 식품이 전체 상품 구성의 30~50%를 차지 ■ 매출 구성비가 70%에 달할 정도로 식품 부문 경쟁력이 강한 것이 특징 ■ 평균 점포 면적 9256.24~1만9834.8m²(2800~6000평) 규모이며, 광역상권을 목표로 교외 외곽에 출점 ■ 까르푸가 대표적 업체
멤버십홀세일클럽 MWC	■ 회원제로 운영되는 창고형 가격할인 업태 ■ 가장 구매빈도가 높고 회전율이 높은 품목으로 압축해 가격 소구력이 강함 ■ 고객의 90% 이상이 차량 이용객으로, 도로접근성 중요 ■ 프라이스클럽이 대표적 업체
슈퍼센터 Supercenter	■ 종합 디스카운트스토어에 식품류를 강화한 형태 ■ 매장 면적 9917.4~1만6529m²(3000~5000평) 규모이며 총 취급 품목 수 7만 여 개로 생식품 비중 높음 ■ 월마트슈퍼센터가 대표적 업체

상품회전율Merchandising Turnover●●을 살펴보면 백화점이 20.1%, 83회, 슈퍼마켓은 14.1%, 12.8회, 대형 할인점은 13.8%, 21.8회로 나타난다. 따라서 초기 신세계 이마트 신규 사업팀이 사업성에 의문을 품었던 것은 백화점과는 너무나 다른 이런 구조와 성향 때문이었다.

●하이퍼마켓 유럽, 특히 프랑스에서 발달하여 현재도 큰 세력을 가지는 매장 면적 9900~1만6500m²의 초대형 창고형 점포. DS+SSM의 이미지이지만 미국에서는 이 업태의 점포가 너무 크기 때문에 소형판의 슈퍼센터가 개발되어 전국적으로 확대되고 있다. ●●상품회전율 어느 특정 기간(보통은 1년)에 상품 재고액이 몇 번 회전했는가 하는 비율을 말한다. 상품에 투하된 자본의 회전율을 가리킨다. 상품재고 회전율=(연간)매출액/평균재고금액.

그렇다면 '대형 할인점＝저가판매'라는 등식을 위해 할인점들은 어떤 방식을 선호하는지 살펴보자.

우선 산지에서 소비자로의 직송 형태로 중간 유통단계를 줄인다. 이는 도매상이 제 기능을 못하거나 비효율적으로 수행할 때 일반적으로 시행하는 방법이다. 또한 일명 '바잉파워'라 하여 구매자가 선택할 수 있는 거래처가 다양하여 교섭력이 증가함으로써 낮은 비용으로 원자재나 상품을 조달한다. 결국 할인점이 다점포의 체인 시스템으로 가야 하는 이유가 여기에 있다. 이 밖에 정보 시스템의 발달로 다양한 조달 원천의 활용도 저가판매의 한몫을 담당한다. 그리고 불필요한 광고와 판촉비용, 판매 인력 감축 등 관리적인 측면과 주문자 상표 판매, 거래처 간의 전자 자료 시스템에 의한 자동 주문 처리 등 수송·재고 비용 절감도 가격파괴의 효율성을 높여준다.

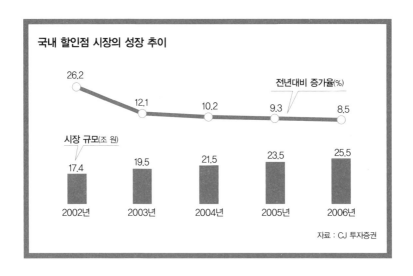

국내 할인점 시장의 성장 추이

전년대비 증가율(%)

26.2　　12.1　　10.2　　9.3　　8.5

시장 규모(조 원)

17.4　　19.5　　21.5　　23.5　　25.5

2002년　2003년　2004년　2005년　2006년

자료 : CJ 투자증권

이렇게 전통적인 재래시장과 백화점으로 양분된 소매업계에 혜성처럼 나타난 대형 할인점은 1996년 유통개방으로 인해 또 한 번의 경쟁시대로 돌입한다. 그리고 IMF 금융위기를 거쳐 오늘에 이르기까지 대형 할인점은 급속하게 양적 팽창을 거듭하고 있다.

인터넷 보급과 정보기술의 발달은 유통산업 그 자체에도 커다란 변화를 가져왔는데, 그 대표적인 것이 무점포 유통업태인 인터넷쇼핑몰과 TV홈쇼핑이다. 이들 온라인쇼핑은 시장점유율과 마케팅 개념을 바꿔 유통혁명을 주도할 주인공으로 부각되고 있다. 실질적으로 할인점, 백화점에 이어 3대 유통 채널로 자리 잡았음은 물론 2005년 대비 25%의 높은 성장률을 기록하고 있다. 그 성장률을 살펴보면

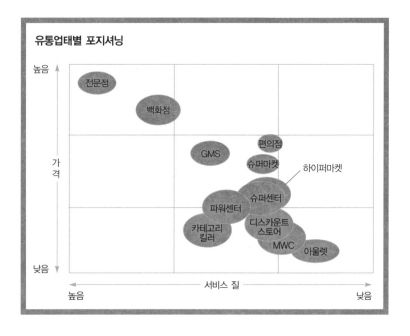

TV홈쇼핑이 5.4%, 인터넷쇼핑몰이 13.2%, 오픈마켓이 58.3%에 이른다.

결론적으로 국내 유통산업은 정치·경제·사회·문화적인 복합적인 요인에 의해 그 흐름을 유지해 왔다. 향후 신업태의 도입기간이 짧아지고 소비환경의 변화나 이종업체 간의 제휴, 그리고 선진 시스템의 정착 등으로 유통업계는 혁신적인 변화와 과도기를 맞을 공산이 크다고 여겨진다. 여기에 경쟁적 우위를 선점할 새로운 동력 마련에 유통기업은 전심전력해야 할 것이다.

황경규 신세계 이마트 전 대표

이마트의 경쟁력은 시스템입니다

현재 경영지원실 유통연수원 교수로 있는 황경규 신세계 이마트 전 대표는 오늘날 이마트의 시스템이 확고한 경쟁력으로 자리 잡을 수 있도록 기여한 공로자 가운데 한 명이다. 이마트 시스템의 기반이 된 3S 경영 실행은 그의 업적이라 할 수 있다. 10만 명도 안 되는 징기스칸 군대가 놀라운 전투력과 집중력으로 세계 대륙을 평정했듯 그는 이마트의 조직문화와 우수인력이 세계 시장에서 해야 할 일이 무궁무진하다는 기대감을 표출하면서, 이마트가 나아갈 방향에 대해서도 그만의 경륜과 식견을 펼쳐 보였다.

이마트의 핵심은 다점포 체제입니다

현재와 비교해 보면 1993년의 상황은 많이 달랐습니다. 프라이스 클럽이 1994년에 들어오고 1996년에 유통개방이 되었습니다. 개방 이전에 신세계 이마트가 시작된 거죠. 이마트가 오늘날처럼 전문 할인점으로 본격적으로 성장하게 된 것은 1996년도였고, 나는 그 중요한 시점에 책임자로 취임하게 되었습니다. 초창기에는 창고형이었고 철저히 저비용, 즉 가격에 모든 초점이 맞춰져 있었습니다. 이를 위해 다방면으로 벤치마킹을 했습니다. 라면, 소주 등도 박스로 판매했던 것으로 기억합니다. 유통개방 이후 고객들의 요구에 의해 할인점 콘셉트가 바뀌어갔습니다.

이제 유통업체로서 이마트의 정체성을 찾아야만 했죠. 다점포 체제를 지향하지 않을 수 없었습니다. 그래서 취임 후 이마트의 명칭을 체인사업본부라고 했습니다. 즉 다점포 경영이 이루어지기 위해서는 체인 오퍼레이션Chain Operation●● 시스템을 가동해야 했고, 이것이 바로 백화점과 다른 점이었던 것입니다. 그런데 당시만 해도 다점포 경영에 대한 노하우가 국내에는 없었습니다. 시스템조차 직접 만들어야 했고, 그러다 보니 선도적인 역할을 담당할 수밖에 없었죠. 이를 위해 일본에도 없었던 물류센터를 1996년 말 용인에 설립하여 물품을 원활하게 공급하려 했습니다.

●3S Specialization(전문화), Standardization(표준화), Simplification(단순화)이라고 하는 체인스토어를 경영하는 데 있어 기본이 되는 사고방식의 총칭. ●●체인 오퍼레이션 다수의 점포를 한 곳에서 관리하는 사업형태로 물건 구매와 경영관리를 체인 본부에서 통일적으로 운영한다.

다점포 경영의 성패는 바로 운영 시스템입니다

다점포 경영도 운영을 제대로 못하면 망하고 맙니다. 예를 들어 킴 스클럽은 우리보다 앞서 점포를 냈는데 관리가 제대로 안 돼 실패한 대표적인 사례입니다. 관리력이 매장보다 앞서야 하고 시스템 또한 마찬가지입니다. 이를테면 매장이 다섯 개이면 다섯 개를 운영할 능력을 갖춰서는 안 되고 최소한 열 개 정도의 매장을 운영할 시스템이 있어야 합니다. 또 열 개라면 서른 개 이상을 운영할 시스템이 필요한 거죠. 이마트는 초기부터 시스템에 주력하여 타 업체보다 월등히 앞서갔으며, 매장이 열 개 미만일 때 이미 물류센터도 만들기 시작했습니다. 앞을 내다본 거죠.

물론 그 과정에서 혼돈은 많았습니다. 발주 시스템의 경우, 본사와 매장이 각각 따로놀았죠. 발주자가 여럿이다 보니 제대로 된 주문 통계가 나오겠습니까? 이런 것을 표준화시키고 통합발주를 시킨 때가 1996년 중반이었습니다. 표준화 시스템 하에 본사가 구매를 하니 협력업체의 반응도 좋았습니다.

그러나 매장이 불어나자 또 한계에 부딪히고 말더군요. 그래서 또 방식을 바꾸어 매장에서 직접 발주하되 통제기능은 본사가 유지하는 것으로 했습니다. 이때가 매장을 열다섯 개 오픈할 시기였습니다. 그때 우리가 중점을 둔 것은 매장이 백 개가 될 때도 사용 가능한 시스템을 개발하자는 것이었습니다. 아마 그때가 2000년이었을 겁니다. 시스템은 사전에 개발되지 않으면 숫자가 늘면 감당이 안 된다는 것이 우리의 판단이었습니다. 이런 판단을 관리자가 제대로 해야 합니다.

　　외국 업체가 들어왔을 때 이마트가 이길 수 있었던 이유도 다점포 경영체제를 기초로 한 비용절감 요소가 주효했기 때문일 겁니다. 최초로 상품이 들어와 소비자에게 나가기까지 관리비가 적으면 경쟁하기 유리한 조건이 형성되는 건 당연합니다. 그러나 그렇게 되기 위해서는 시스템이 앞서가야만 합니다. 이는 적은 인원으로 효율적인 경영을 시도했다는 말로 해석될 수도 있을 것입니다. 우리 정부도 이마트의 시스템을 벤치마킹해도 좋을 겁니다. 이마트는 작은 정부입니다.

시스템의 효율성을 위해 3S체계를 만들었습니다

　　초창기 이마트를 얘기할 때 단골처럼 거론되는 경영체계가 있습니다. 바로 3S시스템입니다. 3S는 이른바 단순함, 신속함, 표준화입니다. 한마디로 집약하면 간단하게 만들어 빨리 표준화하자는 것이죠. 어쩌겠습니까? 사람은 없고 일은 많으니 3S를 토대로 그때 그때 처리해야 했습니다. 지점장이 네 명일 때 밤새 미팅을 해보았는데 네 명의 생각이 모두 달랐습니다. 그래서 점장 업무에 대해 우리가 할 수 있는 최선의 모델을 가지고 동일하게 일하자고 생각했습니다. 우리 넷 중에 잘하는 점이 있으면 벤치마킹도 하고 말입니다.

　　지점장은 우선 안전을 도모해야 합니다. 그러기 위해서는 보이지 않는 후방관리가 무엇보다 중요하죠. 상품을 만들어내고 포장하며 회

의하는 것을 반복했습니다. 그래서 매장은 어떤 순서로 돌고 퇴근할 때는 어디를 점검할지 표준화시켰습니다.

이러한 표준화 작업을 지점장뿐 아니라 총무관리인, 영업과장, 검품 직원으로까지 그 영역을 넓혔습니다. 검품 직원만 다섯 명이면 열 개 지점만 하더라도 쉰 명에 달합니다. 이들의 업무를 표준화시키면 관리업무가 수월해지죠.

월마트의 인공위성 물류 시스템도 효율적인 면에서는 이마트를 따라오지 못했다고 봅니다. 이마트 시스템은 수많은 시행착오를 경험하면서 한국형 시스템으로 가다듬어진 것이었으니까요. 물론 개발 초창기엔 내부에서 논란도 많았습니다. 외국의 다점포 기업이 활용하고 있는 선진 시스템을 활용하면 되는데 굳이 비용과 인력을 들여서 개발할 필요가 있느냐는 것이었죠.

우리는 시스템을 현장에서 발주하는 누구든 쉽게 이용하게끔 만들었습니다. 우리 사원들 중에는 주부가 많습니다. 만약에 주문발주가 어렵다면 과연 제때 결품을 메울 수 있겠습니까? 보통 이틀 정도면 누구나 시스템을 활용할 수 있습니다.

현장에서 발주된 품목들은 본사에서 피드백을 줍니다. 이러한 작업을 통해서 본사는 과거 판매량과 현 재고, 향후 판매될 수량을 예측했습니다. 그리고 담당자의 판매 여력도 함께 파악할 수 있었습니다. 그러한 과정을 반복하다 보니 정확한 발주 수량을 시스템이 확인하고 처리하게 되었습니다. 까르푸의 판매관리비가 17%를 넘어설 때 이마트는 12% 수준이었습니다. 결국 관리비에서 경쟁우위를 지켰다고 할 수 있습니다. 이는 곧 영업이익으로 직결됩니다. 물류기능도 갖춘 이후로 원가 자체가 2~3% 적게 들고, 오퍼레이션 비용을 3% 정도 낮추게 되었습니다. 그 결과 이마트는 타 업체에 비해 6% 정도의 수익을 남기면서 흑자가 가능했던 것입니다.

철저한 영업우선주의로 시스템을 바꿔나갔습니다

초창기 이마트 시스템은 소수의 멤버가 만들다 보니 시행착오를 많이 겪은 게 사실입니다. 3S시스템을 하기 전에 이런 일이 있었습니다. 전산팀에서 판매 및 재고 데이터를 매일 한 묶음씩 주었습니다. 업무도 하기 힘든 판에 그 자료를 어떻게 일일이 볼 수 있겠습니까? 출근할 때 한 묶음 주고 퇴근할 때 걷어가고 했습니다. 그 다음 날도, 또 그 다음 날도 마찬가지였습니다. 그런데 문제는 그게 아니었습니다. 정작 그 데이터를 활용해야 할 영업사원들이 자료를 외면하는 것이었습니다.

그래서 전산 책임자를 불러 이런 현상을 어떻게 생각하느냐고 물었더니 "이런 상세한 자료를 안 보니 영업이 엉망이다."라며 투덜대더군요. 그래서 영업팀을 불러서 물었더니 "자료가 현실적이지 않다."라고 대꾸하더군요. 시스템 개발회의를 주재했습니다. 전산 담당자를 배석시키고 영업팀의 입장을 이야기하도록 했습니다. 영업팀이 필요한 매뉴얼을 전산팀에 넘기라고 지시했고, 전산팀은 기술적 지원만 관여하라고 했죠. 이런 과정을 거치다가 실용적인 시스템을 개발하게 되었습니다. 보고를 위한 자료가 아니라 실제로 사용할 수 있는 것으로 말입니다.

이렇게 시스템을 개발하는 데 6개월이 걸렸습니다. 현재의 발주 시스템은 그 당시의 시스템을 발전시킨 것입니다. 저도 영업 출신이다 보니 아마 데이터의 실용성을 많이 따졌던 것 같습니다. 이제 이마트의 경쟁력은 효율적인 시스템 표준화를 통해서 싸게 파는 기술보다, 싸게 팔면서 남기는 것입니다.

Chapter 2

●

월마트와 진검승부를 벌이다

01 유통의 지지 않는 별

유통산업은 그 국가의 경제적·사회적 상황을 반영한다. 예를 들어 유통개방 후 한국에 진출한 외국 자본의 할인점은 각 국가의 독특한 문화현상을 담고 있다.

그렇다면 한국형 할인점은 어떠한 환경 속에서 태동했고 어떤 방식으로 성장해 왔을까? 이를 사회적 측면과, 소비자와 지역성 그리고 기업환경(유통산업 환경)적 측면에서 조명해 볼 필요가 있다.

첫째, 한국형 할인점은 교외가 아닌 신도시, 다시 말해 신시가지를 중심으로 탄생했다. 대체로 외국의 경우 할인점은 시 외곽, 즉 교외에 입지한다. 그 이유는 저 원가 경영 시스템 구현을 위해 부지에 대한 저렴한 매입비용이 요구되기 때문이며, 한편으로 금융이자 등의 간접비용을 감소시킴으로써 상품의 저가판매가 용이하다는 점 때문이다. 아울러 프랑스와 일본의 경우처럼 정부정책에 따라 도심에는 더 이상 대규모 점포를 설립하지 못한다는 특별한 이유도 있다.

그러나 이마트는 달랐다. 분당, 산본, 시화, 일산 등 신도시를 중심으로 할인점을 안착시켰다. 1988년부터 1992년까지 5년간 주택 200만 호 개발을 위해 경기도 분당, 일산, 중동, 평촌 신도시가 세워졌는데 이 과정에서 입주민의 생활편익을 위해 등장한 것이 바로 대형 할인점이었다. 이른바 한국형 할인점은 신도시, 신시가지 또는 재개발·재건축 지역을 중심으로 입지한 상업시설이었던 것이다.

둘째, 인테리어 측면에서 외국형 할인점과는 달리 고객 중심의 중·고급화를 지향했다. 초기 할인점을 보면 외국의 그것을 벤치마킹하여 인테리어를 한 부분도 있지만, 슈퍼센터형보다는 회원제 할인점인 창고형을 선호했다. 이마트 창동점을 예로 든다면 진열대 높이가 2.4m로 한국인의 신장을 훨씬 뛰어넘었는데, 여러 과도기적 시행착오를 거치면서 성인 여자의 눈높이(1.5m) 수준으로 매대 높이를 낮추었다.

이러한 인테리어 변경은 소비자 환경적 측면에서 조명해 본다면 어렵지 않게 이해될 수 있는 부분이다. 특히 구매력이 강한 삼사십대 주부가 집중된 신도시에 입지한 할인점의 특성을 감안해 보면 주 소비자인 주부의 눈높이에 맞는 진열대와 내부 인테리어의 고급화는 당연한 수순이었다고 볼 수 있다. 또한 초기 회원제 할인점인 킴스클럽의 위축으로 일반 할인점의 강세와 더불어 '좀 더 나은 분위기'의

점포를 선호했던 고객의 심리를 잘 간파했다. 결국 이마트 인테리어의 매력은 한국 소비자의 체형까지 고려하여 진열대와 인테리어를 구성했다는 데 있다.

셋째, 여성의 사회참여, 주5일 근무제 등 소비자 환경의 변화로 머천다이징Merchandising●이 바뀌었다. 초기 한국의 대형 할인점의 머천다이징을 보면 미국 할인점을 벤치마킹한 후 신선식품과 가공식품을 주력 상품으로 보강했으나, 백화점의 주력 상품인 패션 상품은 상대적으로 약세를 보였다. 또한 판매 상품의 단위도 박스나 묶음bundle의 중·대량 판매에 치중했다. 그러나 여성의 적극적인 사회참여로 즉석식품의 수요가 늘어나고 관련 상품 개발과 취급이 증가할 수밖에 없게 되었다. 아울러 백화점의 쇠퇴가 할인점에서 의류 중심의 패션 상품(특히 PB상품)을 증대시키는 결정적 요인이 되었으며, 식품 및 위생 생활용품의 낱개 판매로 할인점의 구조(진열대 높이, 진열 양, 후방 공간)를 바꾸는 개선작업이 진행되었다.

박스나 묶음 판매에서 소비자의 편의성을 위해 낱개 판매하는 참치캔.

마지막으로 할인점 전용 브랜드PB 개발에 전력을 기울였으며 까다로운 소비자의 다양한 기호 변화에 적극적으로 대응했다. 국내 대형 할인점은 중·소형 백화점의 몰락과 합리적인 소비를 원하는 소비자의 욕구를 충족시켜 주기 위하여 본격적

●**머천다이징** 상품화 계획, 상품 개발부터 사입, 매가 결정, 판매 촉진 외에 고객에게 판매하기까지의 상품에 관한 모든 활동. MD라는 약자를 쓰기도 한다. 단순히 상품화, 상품적이라는 의미로 사용되는 경우도 많다.

으로 할인점 전용 브랜드 개발에 박차를 가했다.

이마트의 경우 1997년부터 PB상품을 개발하여 인기상품으로 부상하였으며, 전체 매출의 10%까지 확대됨으로써 할인점 경쟁력의 한 축으로 자리 잡았다. 아울러 전문인력 보강 및 상품 개발로 패션 상품이 할인점의 주력 상품으로 발전하고 있다. 이마트 죽전점이나 자양점을 살펴보면 한국형 할인점의 급변한 모습을 발견할 수 있다. 가히 비약이라 아니할 수 없을 정도이다. 이들은 할인점의 원칙인 저비용 체제를 뛰어넘어 가치 체계를 추구하는 전문매장으로서의 차세대형 할인점 콘셉트를 드러내고 있는데, 소비자의 다양하면서 까다로운

외국 할인점과 한국형 할인점 비교

구분	디스카운트 스토어	슈퍼센터	하이퍼마켓	한국형 할인점
발생국가	미국	미국	유럽(프랑스)	한국
입지	교외형	교외형	교외형	신도시, 신시가지형
머천다이징	생활잡화 중심 (하드라인과 식품 제외)	디스카운트스토어의 머천다이징 식품 보강(하드라인 제외)	식품 중심에 생활용품 보강 (하드라인 제외)	전 제품군 취급 (하드라인 제품 제외, 의류 등 패션 상품 강화)
판매가격	매일 최저가	매일 최저가	최저가	최저가와 행사 병행
판매방식	셀프판매	셀프판매	셀프판매	셀프와 대면판매 병행
마케팅	최소의 광고전단	최소의 광고전단	최소의 광고전단	적극적인 마케팅
매장집기	NWC용 랙 곤돌라	NWC용 랙 곤돌라	NWC용 랙 곤돌라	1500mm 눈높이 집기 (초기 점포는 NWC임)
진열방식	대량진열	대량진열	대량진열	소량진열 (NWC집기는 대량진열)
기타	슈퍼센터로 전환	디스카운트스토어가 진화	의류 쇼핑몰과 복합구성	고객 편의시설 확대

기호 변화에 적응하는 한국형 할인점의 본보기가 된다.

결론적으로 한국형 할인점은 국내 환경에 맞게 다각도로 변화되고 정착되다 보니 명확하게 구분되지 못하는 어려움이 있으나 진화되어 온 그 과정에서 생성된 경쟁력과 시장에서의 위치, 소비 트렌드에 대한 변화와 호응 등으로 나름대로 진입장벽을 쌓고 성장해 온 일면도 있다. 그러므로 성장기에서 성숙기로 접어든 한국형 할인점의 진화에 기대를 거는 것은 그리 무리가 없어 보인다.

유통개방, IMF 금융위기, 그리고 월마트와 명승부를 펼치다

유통개방을 3년 앞둔 1993년 11월 12일, 서울 창동에 창고형 건물의 이마트 1호점이 문을 열었다. 많은 우려 속에서 문을 열게 된 이마트 창동점은 순수한 국내 자본으로 이뤄졌다는 점에서도 기념비적이었지만 무엇보다 외국계 할인점들의 틈바구니 속에서 국내 할인점의 태동을 만들었다는 역사적 의미가 더 강했다.

이후 킴스클럽(규모의 경제학 원리를 무시한 무리한 확장으로 2004년에 이랜드 그룹에 합병되었다), 그랜드마트, 2001아울렛 등과 같은 국내 업체들이 할인점 시장에 뛰어들게 되었고 한편 삼성물산이 홈플러스(영국의 테스코와 합작)로, 롯데쇼핑은 마그넷(현 롯데마트)으로, LG

유통(현 GS리테일)은 LG마트(현 GS마트)로, 농심가는 메가마트로 진입하면서 할인점 시장은 유통 기업들의 각축장이 되었다.

1996년, 유통개방 전의 신세계는 이마트 창동점과 분당점을 제외하고는 대부분 임대매장으로 영업을 하고 있었고 신세계 주력 사업은 여전히 소비의 고급화를 지향하던 백화점 사업이었다. 그러던 가운데 드디어 1996년 1월 1일, 국내 할인점 업계에 충격적인 사건이 하나 터졌다. 1989년부터 3단계에 걸쳐 내려온 유통시장 개방이 완결된 것이다. 즉 점포 수, 출점 면적 등의 제한 없이 외국 유통기업에 전면 개방한다는 우루과이라운드UR 서비스 분야 협상이 체결되었다.

이 협상으로 대형 할인점 업계에 일대 위기가 찾아왔다. 꽃도 피기전에 태풍이 불어 닥친 것이었다. 할인점 시장의 도입기에 월마트와 까르푸 등과 같은 다국적 기업의 침투는 싹도 트지 않은 국내 할인점 업계의 생존까지 위협했다. 다국적 기업과의 어려운 싸움은 불을 보듯 뻔했다. 때마침 기다렸다는 듯이 마크로(1998년 월마트에 인수됨)가 인천에, 까르푸가 부천에 1호점을 각각 오픈했다. 이로써 외국 자본이 국내 할인점 시장에 본격적으로 침투하게 되었다. 이들은 생각했던 대로 풍부한 유통 경험과 거대한 자금력을 동원하여 국내 유통업계를 위협하기 시작했다.

연이어 1997년 가을에 터진 IMF 금융위기는 할인점 업계를 재편하는 분수령으로 등장했다. IMF 금융위기라는 폭풍우는 백화점과 슈퍼마켓의 생존에 큰 영향을 미쳤다. 통계에 의하면 IMF 관리체제가 시작된 1997년과 1998년 사이에 백화점 108개 중에 45개가 도산하였으며, 해태마트 등 슈퍼마켓 체인이 붕괴되었다. 정부의 특별소비세 한시적 인하와 신용카드 세금공제 혜택을 통한 경기부양책으로 중산층 소비가 회복되는 것처럼 보였다. 그러나 여전히 백화점 업계는 저성장의 길을 걷고 있었고, 심지어 지방 백화점은 붕괴하기 시작했다. 이는 신세계 이마트의 사업 방향을 새롭게 결정지을 중요한 변수가 되었다.

신세계 내부에서도 할인점 사업에 대한 회의적인 시각이 존재했는데, 창동 1호점 오픈 후 4년간 아홉 개 점포를 운영하는 중에 발생한 환란과 위기가 이러한 우려를 방증한다. 그런 불확실한 미래와 불안정한 현실 속에서도 보다 면밀한 시장조사를 통해 오히려 할인점 사업이 엄청난 수익을 가져다줄 것이라는 확신을 가진 경영진도 있었다. 그 가운데 대표적인 인물이 당시 경영지원 실장이었던 구학서 신세계그룹 부회장이다.

그는 국내 할인점 활성화의 첫 번째 당위성으로 효율성을 꼽았다. 백화점 시장은 롯데그룹을 비롯한 대기업들과의 치열한 경쟁과 과도한 설립비용과 긴 공사기간으로 인해 할인점보다 열악할 수밖에 없다고 판단했다. 또한 사업 추진 이후의 자금회전율도 할인점을 따라갈 수 없다고 확신했다. 이를테면 백화점이 초기 투자비를 회수하는 데 통상 3년이 걸리는 반면, 할인점은 1년 남짓 소요되었으며 대도시 상권은 물론 중소도시의 상권도 효율적인 선점이 가능했다. 이런 논리로 직원들의 불만을 잠재운 그는 이명희 회장의 승인 하에 프라이스클럽과 카드 사업 매각 등 강력한 구조조정을 단행했다.

이렇게 해서 확보된 2500억 원의 자금으로 전국 주요 상권의 할인점 20~30여 곳 부지를 대거 매입하게 되었다. 아울러 산본, 전주, 해운대, 진주 등에 백화점 설립을 추진했던 프로젝트를 전면 수정해 모두 할인점으로 전환하는 작업을 진행했다. 사실 창동 1호점을 시작으로 대부분의 이마트 지점이 문을 연 당해에 흑자매출을 올렸다. 구 부회장의 할인점 활성화에 대한 예상이 적중했던 것이다.

이런 과감하면서 역발상적인 투자는 외환위기 전후로 한국 시장 공략에 나선 월마트, 까르푸와의 치열한 경쟁 속에서 이마트가 유리한 위치를 선점할 수 있었던 기반을 마련했다. 이런 과정에서 드디어 운명적인 월마트와의 진검승부의 순간이 다가왔다. 이마트의 입장에서 월마트는 강자임이 틀림없었다. 1998년의 일이었다. 전 세계 3500개의 매장을 가진 세계 유통업계의 공룡, 월마트는 막강한 자금력과 엄청난 가격 공세로 이마트와의 전면전을 선언했다.

호랑이를 잡기 위해서는 호랑이굴로 들어가라고 했던가! 이마트, 그들은 적지인 월마트의 본고장 미국으로 시장조사에 나섰다. 이 당시 월마트는 인공위성을 통해 지구촌 구석구석에서 가장 싼 제품을 찾아내 전 세계 시장으로 신속하게 공급하는 시스템을 갖추고 있었다. 다시 말해 인공위성으로 물류흐름을 적시에 관리하면서 비용을 최소화하는 전략이었다.

그러나 이마트 실무진들이 발견한 것은 "한국과 같은 좁은 땅에 인공위성이 필요할까?"라는 의문이었다. 그리고 공산품 위주의 월마트가 국내 시장에서 가질 수밖에 없는 한계점이 바로 채소와 과일, 생선 등의 신선식품이라는 것을 발견했다. 한국 식단에 필요한 신선식품, 매일 끼니 때마다 직접 해먹어야 하는 한국 식단의 특징이 미국과 달리 주부 고객을 끌어들이는 결정적 요인이 될 것이라고 판단했다.

이를 위해 이마트는 창고형 할인매장을 대폭 개선했다. 주부 고객의 눈높이에 맞게 진열대 높이를 낮추고 신선식품을 선호하는 한국 소비자의 습관과 동선●을 고려해 상품 진열 방법을 바꿔나갔다.

드디어 월마트가 한국에서 첫 번째 매장을 열고 대대적인 초저가 공세를 펼쳤다. 이에 대응하여 이마트도 가격을 내리고 월마트와의 판매 전쟁에 불을 붙였다. 월마트는 "세계적인 유통업체 월마트가 오늘부터 최고 30%까지 싸게 파는 파격적인 할인판매를 시작하면서, 우리나라 시장에서 유통경쟁에 불을 당겼습니다."라는 뉴스로 한국형 할인점에 선전포고했다.

이마트에도 비상이 걸렸다. 직원들이 직접 월마트에서 물건을 구입한 시간대별 가격은 이마트 가격 결정의 지표가 되었다. 수시로 바뀌는 가격 때문에 직원들의 퇴근시간은 뒤로 미뤄지기 일쑤였으며, 밤새 품목별 가격동향 점검은 일상이 되고, 아침 홍보 전단지에 발표되는 가격은 극비리에 제작·배포되었다. 예를 들어 73.66cm(29인치) TV를 이마트가 49만 원, 월마트가 39만 원에 팔았다면, 그 다음 날에는 이마트가 39만 원으로 판매하고 이를 알아차린 월마트는 더 싸게 가격을 책정하는 식이었다. 이마트 홍보실은 철저한 보안 속에 긴장감이 흘렀다. 제품이 바닥나면 TV 구입 쿠폰을 나눠주었으며, 대

●**동선** 고객이 점내를 이동하는 움직임을 선으로 표시한 것. 고객 동선의 90% 이상은 매장 레이아웃으로 결정된다. 고객 동선은 길면 길수록 좋다. 고객이 점내를 크게 순회하며 많은 상품에 시선을 두면 그만큼 판매 기회가 커지기 때문이다.

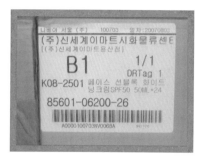

당 10만 원씩의 손실을 무릅
쓰고 상위 모델로 대체하여 판
매하면서 고객과의 신뢰를 지
켜나갔다.

결국 고객은 이마트의 손을
들어주었지만, 여기서 머물지
않고 이마트는 월마트와의 2
차 경쟁 고삐를 당겼다. 그것

박스를 개봉하지 않아도 물량내역과 수량을 체크할
수 있는 이마트 박스 라벨.

은 바로 품질경쟁이었다. 이를 위해 이마트만의 물류 시스템 개발에
전력을 다하였고 곧이어 물류센터가 문을 열게 되었다. 'EAN-14 코
드'라는 물류 전용 박스 바코드를 개발하여, 박스를 개봉하지 않고도
스캐닝만 하면 전체 물량과 내용을 확인할 수 있는 자동화 시스템을
도입하였다. 이 밖에도 상품 매입과 물류, 재고관리까지 전 매장에서
동시 사용 가능한 GOT 발주 시스템은 각 매장별 날씨정보와 매출동
향 등의 정보 파악은 물론, 각 매장에서 고객들이 선호하는 상품들을
즉시 발주하는 체계로 세계 유통시장을 지배해 온 월마트를 공격할
믿음직한 솔루션이 되었다.

결국 월마트는 이마트와의 경쟁에서 패배를 시인하고 매장 열여섯
개를 넘기면서 철수를 선언했다. 명승부의 결과가 발표되는 순간이
었다.

전쟁 같은 밤을 보내고

박주성 신세계 홍보실 상무

월마트와의 가격경쟁은 전쟁으로 치면 선전포고였으며 자존심이 걸린 한판
승부였다. 30% 파격 할인 세일로 시작된 거대 공룡과의 싸움은 우리를
긴장시켰다. 이미 대만 시장을 통해 충분히 학습되어 있었지만 말이다.
실시간으로 월마트 가격을 조사하고 이를 가격지표로 삼았다.

당연히 우리 홍보실은 24시간 대기에 신문 전단지 작업과 기사 발송에
매달렸는데, 그때 상황은 마치 전쟁을 방불케 했다. 월마트는 미끼상품으로
73.66㎠(29인치) 컬러TV를 내놓았는데, 단종된 모델을 파격적인 가격으로
내놓은 것이었다. 뉴스에서는 2차 세일 전쟁을 알렸다. 그 기세를 보면
오늘내일 끝날 일이 아니었다. 우리도 가격전쟁으로 맞불작전을 놓을 수밖에
없었다.

가판대에 신문이 깔리는 것이 바로 우리의 퇴근시간이었다.

그런데 문제가 생겼다. 컬러TV 1000대를 이윤도 남기지 않고 파는 것까지는
좋았다. 그런데 몰려드는 고객에게 정신없이 팔다 보니 재고를 확인하지 않고
대기표를 나눠주고 만 것이었다. 이를테면 재고가 100대밖에 남지 않았는데
이미 나가버린 번호표가 1700장이었다.

그래도 고마운 것은 저비용 체제로 인해 광고를 많이 못했는데 기사만큼은 내
일처럼 실어준 기자들이었다. 당시엔 좋은 기사를 잘 제공하는 것이 홍보실의
유일한 PR전략이었고 이런 면들이 가격세일 전쟁에서 주효했던 것 같다.

홍충섭 <small>신세계 이마트 전 상품본부장</small>

소비자에 대한 작은 배려와 관심이
이마트를 이렇게 키웠습니다

2006년까지 신세계 이마트 상품본부장으로 근무했던 홍충섭 교수 (경영지원실 연수원)는 실무 경력과 이론을 겸비한 전략가라는 인상을 풍겼다. 인터뷰를 위해 철저하게 준비된 자료에는 이마트의 역사는 물론 큰 흐름과 시스템 개발 비화, 전략 및 미래 지향점이 일목요연하게 정리되어 있었다. 그에게서 이마트에 대한 많은 실무적인 이야기를 들을 수 있었다.

이마트의 성공 키워드는
도전적인 리더의 신속한 판단입니다

우선 이마트의 성공을 알기 전 두 사람의 키맨key-man을 기억해야 합니다. 구학서 부회장과 황경규 전 대표입니다. 구 부회장이 신세계 이마트에 온 것은 1996년이었습니다. 사실 1993년 오픈부터 1997년까지 이마트의 성장은 미미했습니다. 1997년까지 겨우 아홉 개 점포를 오픈한 정도였으니까요. 그 가운데 창동점과 분당점을 제외하고는 임대 매장이었으며, 신세계의 사업 중심은 백화점에 있었습니다. 그런데 백화점 수익이 그렇게 좋지 않았습니다. 새로운 사업에 투자할 여력도 없었습니다.

설상가상으로 1997년 겨울에 IMF 금융위기를 맞은 겁니다. 이때 경영진들의 역발상적인 판단이 진가를 발휘하게 됩니다. 먼저 1994년부터 운영해 오던 프라이스클럽과 카드 사업부를 매각한 겁니다. 이 매각이 쉬운 결단은 아니었습니다. 그렇게 2500억 원이라는 자금을 확보하게 되었고, 이것을 이마트에 쏟아 부었습니다. 그리고 산본, 해운대, 진주에 원래 백화점을 지으려고 설계까지 마친 건물을 이마트 설립으로 전환했습니다. 이어 용인, 광주에 물류센터를 건립하여 신선식품 직영화를 선언했습니다. 이때 이마트를 짓기 위해 신세계 건설이 세워지게 된 겁니다. 남들은 IMF로 투자를 중단하고 긴축경영에 들어갈 때 우리는 오히려 성장지향을 위해서 거대한 자본을 투자한 거죠. 그 덕택에 부지 매입도 200억~300억 원 정도에 가능했습니다.

1999년도에는 이마트의 별도 운영체계가 실시되었습니다. 이 시기부터 2004년까지 6년간의 시간은 이마트의 역사에 남겨야 할 순간입니다. 이때 황경규 전 대표와 구학서 부회장의 투톱시대가 열립니다. 구 부회장은 전체 전략 방향과 출점정책을 챙겼고, 황경규 전 대표는 운영 측면, 즉 로 코스트 오퍼레이션low cost operation 부분에 집중하였습니다. 여기에서 모든 승부가 났다고 해도 지나친 말은 아닐 겁니다. 특히 황 전 대표는 로 코스트 오퍼레이션에 엄청난 집착을 가져, 이러한 제도를 통해 확고한 체인 오퍼레이션 시스템chain operation system을 설정하였습니다.

정리하자면 체인 오퍼레이션 시스템의 기본은 두 가지입니다. 첫째가 로 코스트 오퍼레이션이고 또 하나는 다점포 경영입니다. 황 전 대표의 로 코스트 오퍼레이션의 집중은 결국 저비용 체제를 출범시켜 조기에 수익을 내고, 구 부회장은 다점포 경영을 위한 출점 전략의 기반을 마련했습니다.

비로소 다점포를 통한 바잉파워가 생기게 되었습니다. 흔히 사람들은 이마트의 자생적인 시스템 개발이 별다른 어려움 없이 진행된 것으로 아는데 결코 그렇지 않습니다. 어려움뿐 아니라 시행착오도 많았습니다. 컨설팅 계약을 통해 월마트 점포 개설에 대한 노하우를 서너 개의 점포에 적용해 보기도 하고, 일본 섹션매장을 도입하여 실패를 맛보기도 했습니다. 벤치마킹을 위해서라면 어디든 쫓아다녔습니다. 그때 일본 GMSGeneral Merchandise Store●의 운영 노하우를 컨설팅하던 스즈키라는 컨설턴트가 이마트에서 5년간 컨설팅을 맡아 이론적인 재무장

●GMS 의류 및 생활용품을 다품종으로 대량 판매하는 대규모 점포.

을 시켰습니다. 지금 기억하기로는 당시 실무진과 많은 격론을 벌이기도 했습니다. 그런 과정 속에서 우리 이마트는 성장하고 있었던 거죠. 정말 열정 하나로 열심히 했죠.

이마트의 생명은 신선식품입니다

처음부터 이마트의 MD 구성은 신선식품 중심이었습니다. 초창기 창동점 오픈 시 고객들은 이마트를 하나의 규모가 큰 슈퍼로 받아들였습니다. 그래서 이마트가 고객들에게 친근하게 다가갈 수 있었던 겁니다. 그러나 외국계 할인점은 신선식품의 중요성을 간과했습니다. 그러면서 직영도 아닌 어중간한 형태로 운영하고 있었죠. 사실 신선식품의 직영화는 말처럼 쉽지가 않습니다. 우리가 고객을 모은 것은 신선 직영화에 따른 차별화였습니다. 또한 공산품을 유명 상품의 가격파괴로 콘셉트를 잡았더니 고객들이 몰려오기 시작했습니다.

신선식품이라는 것이 워낙 리스크가 크고 할인점 개념과는 동떨어진 것 같지만 정작 외국계 할인점이 우리나라에서 맥도 못 추게 만든 것이 바로 이 신선식품이었습니다. 그들의 실패 요인은 미국이나 일본의 식생활 습관을 한국에도 그대로 적용하려 했던 착오입니다. 신선 직영화로 바잉파워를 가질 수 있었

는데, 이는 소비자의 선택이 있었기에 가능했던 일입니다.

이제 미래를 고민해야 합니다

최근 할인점 시장 포화 논의가 자주 일어나고 있지요. 유럽은 5만 ~7만 명당 할인점 하나가 개설됩니다. 한편 우리나라의 경우 10만 명 당 한 개가 개설된다면 대략 2010년이면 할인점 포화상태가 오지 않을 까 합니다. 그 예로 2006년에 오픈한 이마트 익산점은 주변의 홈플러 스, 롯데마트와 치열한 경쟁을 벌이고 있습니다. 그만한 도시라면 점포 하나면 족합니다. 결국 어쩌면 제살 깎아먹기나 다름없는 거죠. 그런 이유 때문에 정용진 부회장도 할인점 규모와 앞으로의 계획에 대해 많 은 고민을 하고 있습니다. 그렇다면 앞으로 어떻게 해야 할까요?

결론은 우리도 포화상태를 미리 예측하여 다양한 사이즈의 마트를

홈플러스(테스코) 업태별 현황

구분	면적 / 형태	품목
슈퍼스토어(Super Store)	약 1650m²	식품, 의류, CD, 자동차용품
콤팩트스토어(Compact Store)	슈퍼스토어보다 약간 작음	구색이 거의 같음
메트로스토어(Metro Store)	편의점 규모	구색은 편의점 능가
익스프레스스토어(Express Store)	편의점 + 주유소	휘발유는 직접 구입하여 주유
테스코엑스트라(Tesco Extra)	9240m² 이상	3만~4만의 SKU ●

연구해야 한다는 것입니다. 우리 이마트도 시화점과 수서점 두 곳을 슈퍼슈퍼마켓Super Supermarket●●의 모델로 삼아 운영한 바 있습니다. 그렇다고 지방까지 확대·적용할 수는 없는 겁니다. 지방 마트와의 대립도 문제지만 수익성에 대한 전망도 불투명하니까요. 하여간 고민을 해야 할 부분이긴 합니다.

●SKU 단품을 말하는 것으로 슈퍼마켓에서는 아이템item과 거의 같은 의미로 사용하는 경우도 많다. 직역하면 재고stock, 보관keeping 단위unit인데, 상품관리상 이 이상 세분화할 필요가 없는 최종 항목을 가리키며, 회사에 따라 다를 수 있다. ●●슈퍼슈퍼마켓SSM 슈퍼마켓 확대형의 대형점포. 통상적으로 일본에서는 매장면적 1650~2640㎡, 미국에서는 2640~3300㎡의 점포를 가리킨다. 슈퍼스토어라고 불리는 경우도 있다.

03 월마트의 한국 철수, 세계를 충격에 빠뜨리다

2002년 6월 무더운 초여름, 세계의 축구 도박사들조차 기대하지 않았고 심지어 회의적이었던 한국의 월드컵 4강 진출은 분명 "공은 둥글고 길고 짧은 건 대봐야 안다."라는 진리를 입증한 충격적인 사건이었다.

이처럼 예상하지 못했던, 예상을 뒤엎은 사건은 비단 축구에만 국한된 것은 아니었다. 그로부터 4년 뒤, 2006년 5월 22일 전 세계 유통업계를 뒤집어놓을 사건이 발생했다. 토종 유통기업 이마트가 월마트코리아의 8250억 원의 지분과 전국 열여섯 개 매장을 전량 인수함으로써 국내 할인점 시장의 독보적인 위치를 차지하게 된 것이다.

글로벌 유통 공룡인 월마트의 한국 철수는 대규모 자본과 서구식 성공 노하우를 가지고 있다 하더라도 모든 지역의 소비자를 공략할 수 없다는 점을 증명했다. 또한 다양한 소비자의 까다로운 욕구에 대한 연구를 게을리 해서는 안 된다는 뼈아픈 교훈을 남겼다.

"어떻게 세계 1위의 유통기업이 무기력하게 맥없이 주저앉았을까?"

"어떻게 마케팅의 역사를 다시 쓸 정도로 공격적이고 합리적인 거대기업이 현지화라는 암초에 걸려 좌절의 늪에 빠져버렸을까?"

수많은 질문을 뒤로 하고 월마트는 "한국 시장에서의 패배를 인정하고 깨끗하게 떠나겠다."라는 말을 남기고 한국에서 철수했다.

월마트의 한국 시장 진출 이력과 성적표는 어떠한가? 월마트는 1998년 네덜란드 합작법인 한국마크로 점포를 인수하면서 아시아에서는 중국에 이어 두 번째로 한국에 진출했다. 이들이 진입할 때 한국은 IMF 구제금융의 시기였다. 이는 해외 업체들의 한국 진입에 대의명분을 안겨주었다. 글로벌 유통 공룡 월마트는 거대자본과 구매 우위로 월마트 특유의 운영방식인 저가 창고형 매장으로 한국 할인점 시장을 장악할 정도로 위협하기 시작했다. 실제로 2000년에서 2003년 월마트의 저가 운영 방식은 연간 최대 140억 원의 수익을 남길 정도로 성공적이었다. 전국에 열여섯 개 매장을 두고 총자산 8740억 원, 종업원 수는 3356명이나 되는 월마트의 쾌속행진을 아무도 의심하지 않았다.

그러나 '현지화'라는 간단치 않은 복병이 월마트의 행군을 가로막고 있을 줄은 꿈에도 생각지 못한 것이 실패의 원인이었다. 미국에서 톡톡히 재미를 본 '언제나 낮은 가격Everyday Low Price'이라는 경영 방식을 그대로 접목시킨 것이 화근이었다. 가격만 싸면 매장이 멀고 품질이 다소 떨어져도 고객이 만족할 거라는 안이한 판단이 문제였다. 여기서 "공은 둥글다."라는 축구의 이변처럼, 마케팅의 역사는 다시 쓰여야 했다. 그들은 한국 고객들이 싼 가격의 물건은 물론 백화점과 같은 고객 서비스까지 원한다는 사실을 간과했던 것이다.

〈뉴욕타임스〉를 비롯하여 세계 유수 언론들은 월마트의 한국 철수를 두고 '다윗과 골리앗'의 성경 이야기로 비유했다. 다윗이라는 작은 양치기 소년과 구척장신의 백전노장 골리앗, 작은 물맷돌 하나로 거구를 일격에 쓰러뜨린 이 놀라운 사건이 21세기 유통시장의 마케팅에도 적용될 줄은 아무도 몰랐다. 중국, 일본, 브라질 등 총 10여 개국에 진출해 있으며 점포 수 4400개, 직원 수 190만 명, 매출액 약 3450달러(2006년 기준)의 골리앗 월마트의 이력을 보더라도 월마트가 한국 철수를 선언하고 이마트의 손을 들어준 것은 놀라운 결과였다.

뒤늦게 〈월스트리트 저널〉은 왜 한국의 소비자는 월마트의 구애에도 불구하고 이마트로 고개를 돌렸는지에 대해 다음과 같은 분석기사를 내놓았다.

"폴로셔츠를 입은 젊은 여성들이 도브와 립튼 같은 브랜드의 제품을 부지런히 쇼핑카트에 담는다. 자사 제품을 시음 혹은 시식해 보라는 판매사원의 요청에 북새통을 이루고, 그 사이로 정육점 코너에서 고기와 생선 가격을 큰 소리로 외쳐댄다. 한마디로 이마트의 성공은 이런 '부산함'에 있었다."

다시 말해 전통적인 야외시장을 편의점 형태로 실내에 끌어들였다는 표현이 옳을 것이다. 연이은 이들의 분석은 또 한 번 충격을 준다.

"이마트는 월마트보다 미국 타깃에 더 가까운 형태이다. 넓은 구획과 낮은 진열대 컬러풀한 색상과 밝은 분위기의 연출, 그리고 야외시장같이 시끌벅적하고 소란스런 축제 분위기가 그것이다."

그렇게 〈월스트리트 저널〉은 한국 이마트가 세계 굴지의 경쟁자들을 꺾을 만한 서비스 노하우를 가지고 있다고 인정했으며, 월마트의 실패를 확인하고 이마트의 위협적인 도전에 박수를 보냈다.

월마트의 입장에서 보면 한국에서의 철수가 단순한 시장철수의 의미를 넘어선다. 이들은 해외시장 진출의 새로운 판을 짜야 한다는 난관에 봉착하고 말았다. 월마트가 미국 시장의 포화상태를 직감하

2006년 5월 22일, 월마트코리아의 주식인수 체결식 모습.

고 새로운 시장 개척에 나선 것은 1991년이다. 그 시작은 바로 멕시코였다. 멕시코 지점을 시작으로 여세를 몰아 북미 할인점 시장을 평정하고 나아가 중남미 지역인 브라질, 아르헨티나에 진출하여 숙적인 까르푸와 경쟁을 벌였다.

월마트는 독일, 캐나다 등의 성숙된 시장은 인수합병을 통해 동시다발적 다점포를 개척하고 아시아, 남미 등의 신규 시장은 단계적으로 공략한다는 전략을 구사하고 있었다. 만약 신규 매장의 개척이 힘들 경우, 한국 시장에서처럼 1위 혹은 2위의 소매업체를 인수하여 외국 진출의 애로사항인 입지 문제를 해결한다는 복안을 갖고 있었다. 그래서 월마트는 한국 시장 진출을 위해 한국마크로를 인수하게 되었던 것이다.

월마트 매장에서 월마트의 간판을 내리고 이마트의 간판으로 교체하고 있다.

일찍이 월마트는 아시아 시장의 잠재력을 확인하고 거의 모든 아시아 국가의 할인점을 인수할 계획을 갖고 있었다. 그 전진기지로 한국을 선택했고, 그 다음으로 일본과 중국에 대규모의 투자를 통해서 아시아에서의 경쟁력을 키울 예정이었다. 최근 한국 시장 철수 후 월마트는 중국 34개 도시에 101개 할인점을 운영하고 있는 바운티에스의 지분 35%를 인수하여 경쟁사인 프랑스 까르푸를 꺾고 중국 최대 할인점 체인으로의 부상을 꿈꾸고 있다. 그런 시점에서 월마트의 한국 철수는 뼈아픈 실책이 아닐 수 없었다.

월마트 측에서는 '투자의 시기'를 놓친 것이라 강변하지만 브라질, 아르헨티나에서 까르푸, 마크로와의 가격할인을 둘러싼 출혈경쟁으로 손실을 입은 사례나, 독일시장의 철수 및 일본 지사에서의 손실은 기존에 그들이 자랑삼아 추진해 오던 운영 방식에 문제점이 있음을 드러낸 것이라 할 수 있다. 다시 말해 현지화에 대한 배려와 노하우 부족을 거론하지 않을 수 없는 것이다. 최근 스타벅스의 하워드 슐츠 회장이 중국 시장 진출을 앞두고 "기존 방식을 재고하여 중국인에게도 어필할 방법을 찾겠다."라며 녹차에 관심을 기울인 것은 월마트가 눈여겨봐야 할 대목이다.

04 월마트코리아의 빈틈에서 배우다

과연 월마트는 실패만 거듭한 '지는 해'인가? 단순히 그들의 철수를 타산지석으로만 삼고 말 것인가?

그렇지 않다. 그들은 아직도 세계 1위의 유통기업으로서 그 위용을 자랑하고 있고 세계 할인업계를 장악하고 있는 거인임에 틀림없다. 미국의 경제 전문지 〈포천〉은 '2007년 글로벌 500대 기업 순위'를 발표했는데(2007년 7월 23일자) 이 자료에 따르면 단연코 1위를 차지한 기업은 월마트이다.

그만큼 월마트는 해가 지지 않는 유통 공룡임을 증명하고 있다. 그들에겐 끊임없는 동력이 존재하고 차별화된 경쟁력이 있다. 조직원, 시스템 및 투자 범위에서도 월마트는 월마트만의 '파워'와 '전략'을 갖고 있다. 그러나 이러한 월마트 본사와 달리 월마트코리아는 경영상의 허점이 많았다. 이러한 허점이 곧 이마트에게 한국 시장을 내놓는 결과를 낳은 것이다. 이마트는 월마트코리아의 빈틈을 개선하고 변화시켰다.

| 서부에서 성공한 할인업계의 건맨, 월마트 |

40대 중반의 한 남자가 벤프랭클린Ben Franklin이라는 할인점의 일부를 관리하고 있었다. 그는 교외에 사는 사람들이 유통비용 때문에 비싼 가격에 물건을 구매하곤 한다는 것을 알고 벤프랭클린 중역에게 지방 소도시에 할인점을 열 것을 제안하였다. 그러나 그의 생각과는 달리 벤프랭클린의 경영진은 상식에서 벗어난 제안이라고 일언지하에 거절했다. 한마디로 5만 명 이하의 소도시에는 할인가격을 제시할 필요가 없다는 것이었다.

그러나 그 남자는 포기하지 않고 1962년 아칸소의 소도시에 월마트라는 소매점을 여는 것으로 자신의 생각을 실천에 옮겼다. 이 사람이 바로 월마트 창업자 샘 월튼Sam Walton이다. 그는 1960년대 말 열다섯 개의 점포를 운영하는 기업가로 성장했으며, 1970년대 드디어 뉴욕증권시장에 상장하여 1970년대 말에는 276개의 상점과 2만 명이 넘는 종업원을 고용한 거대기업의 소유자가 되었다.

창업으로부터 30년이 지난 후 그의 상점은 42개 주에 1720개로 불어났으며, 해마다 150개 상점이 오픈하는 비약적인 성장을 기록하였다. 더불어 1990년대에는 미국 최대의 소매업체 K마트K-mart와 시어스Sears를 따돌리고 세계 최대의 소매업체로 부상했다. 동종업체는 물론 타 산업으로부터도 주목을 받게 된 것은 그들의 독특한 시장진입 전략과 핵심 경쟁력 때문이었다.

일단 월마트는 점진적이고 탄탄한 내실로 성장의 발판을 마련하였다. K마트의 경영진이 핵심역량이 전제되지 않은 무모한 확장을 추진하면서 기존의 경쟁우위마저 상실하는 오류를 범할 때 월마트는 차근차근 내실을 기하며 향후 할인 판매업이 백화점을 대신하는 주도적 소매업태가 될 것이라는 비전과 확신을 가지고 역발상에 가까운 시도를 하였다. 그것은 다름 아닌 농촌 지역의 소도시를 사업기반으로 삼는 것이었다.

이는 자본력의 열세와 후발업체의 한계를 벗어나 틈새시장, 즉 유통의 블루오션을 발견한 것이었다. 월마트의 출현은 전국적 기반을 가진 K마트로서는 관심의 대상도 되지 못했다.

샘 월튼이 소도시에 할인점이 더 적합하다고 확신한 것은 크게 두 가지 이유 때문이었다. 첫째, 기존 경쟁이 미미하기 때문에 시장진입이 쉽고 향후 시장선점을 통한 진입장벽을 구축할 수 있다는 점 때문이었다. 그것은 달리 보면 대도시를 선점하고 있는 메이저급 경쟁사와 무모한 싸움을 피해 가기 위한 선택이었는지도 모른다. 둘째, 소도시에서도 광범위한 상품을 취급하고 이를 낮은 가격에 제공할 수 있다면 기존 소도시 지역의 잡화점 영역을 크게 잠식할 수 있을뿐더러 원거리 구매자들까지도 흡수할 수 있기 때문이었다.

| 끊임없는 물류 시스템의 개발 및 투자 |

월마트는 창업자의 의지와 비전대로 소도시 외곽에 자리를 잡기 시작했고 구매자들의 접근을 용이하게 하기 위해 고속도로 주변에 위치하였다. 이들의 입지 전략은 1980년대에 이르러서 미국인의 생활 및 주거지 패턴이 도심에서 교외로 이동하면서 더욱 빛을 발하게 되었다. 그리고 오늘날 월마트의 경영전략으로 대표되는 '상시 저가판매와 고객만족'은 그때나 지금이나 월마트만의 트레이드마크요, 변치 않는 경영 원칙이었다.

물론 초기에는 이 원칙을 지켜가기에는 여러 장애요인이 있었다. 이를테면 양질의 제품을 구입하기 위한 구매망이 없어 상품의 질도 떨어지고 구색도 제대로 갖추기 힘들었다. 따라서 원가를 절감하기 위해 점포 건설 비용이나 임대료를 최대한 줄여야 했다. 따라서 대부분의 점포들이 냉방장치도 없는 허름한 건물에 조악한 상품진열대를 구비하고 있었다. 이것은 정말 월마트로서는 난관이 아닐 수 없었다. 두 마리의 토끼, 양질의 상품과 쾌적하고 현대적인 매장을 다 잡아야만 했다.

반면 K마트는 월마트가 그렇게 고민하던 양질의 제품, 다양한 상품구색, 쾌적한 쇼핑환경을 완벽하게 갖추고 있었다. 이에 월마트는 저가공급을 달성하기 위한 효율적인 배송망으로 눈을 돌렸다. 문제는 K마트처럼 거대 유통업체와의 제휴가 불가능하다는 것이었으며, 결과적으로 독자적 배송망을 만들어야 한다는 결론에 다다랐다.

1969년 11월, 아칸소 주 벤턴빌에 월마트 최초의 물류센터가 세워졌다. 그리고 오늘날 유통업자와 학계의 관심을 끄는 크로스도킹 cross docking● 배송 시스템이 1970년대 들어 구축되었다. 이는 대규모의 상품이 열차나 트럭에서 회사의 운송트럭으로 직접 옮겨지고 분류가 필요한 상품의 경우에는 유통센터 내의 컨베이어벨트 등을 이용한 자동화 분류 시스템을 통해 표준화된 상품박스로 포장되어 개별 점포로 운송됨으로써 보다 빠르고 저렴한 배송이 가능하도록 만든 시스템으로, 월마트의 성공 원동력이 되었다. 이렇듯 월마트는 자사의 핵심역량을 강화하고 경쟁사의 장점은 벤치마킹하면서 보다 강력한 성장의 발판을 만들었다.

월마트가 1991년 미국 소매업계 1위의 자리에 올라설 수 있었던 것은 끊임없는 물류 시스템의 개발과 투자를 기반으로 하여 급속히 성장했기 때문이다. 이는 단순하게 매출액이나 매장 수 증가와는 다른 차원에서 조명해야 한다. 월마트는 크로스도킹과 같은 당시의 획기적인 물류 시스템에 만족하지 않고 바코드 시스템, EDIElectronic Data Interchange●●, POS시스템, 스캐너 발주 시스템 등 다양한 전자상거래 기법을 도입하였다.

또한 이런 기법을 보다 신속하고 효율적으로 이용하기 위해 막대한 비용을 투자하여 위성 시스템을 구축하였다. 위성 시스템의 성공

●크로스도킹 상품이 창고나 배송센터에 입하될 때 일시적으로 보관하지 않고 바로 점포로 배송될 수 있도록 행하는 작업 방법. 입하 장소inbounds goods에서 출하 장소outbounds goods로 상품을 통과시키는 것이다. 크로스도킹은 입하와 출하에 관한 업무가 서로 긴밀하게 연결되어야 하고, 상품의 일시 보관, 재고분류 작업에 의한 코스트 삭감이 될 수 있다. 즉 팰릿 레벨의 크로스도킹은 거래업체에서 입하되어 다른 작업 없이 바로 점포로 운송된다.

적 구축은 2500개에 이르는 월마트의 각 매장과 물류센터, 본사와의 연결은 물론 상품을 수송하는 1만 8000여 대의 트레일러의 움직임을 추적하여 몇 시 몇 분에 점포에 도착할 것인지까지 정확하게 파악할 수 있게 했다. 또한 공급업자와 주문 및 재고 정보를 실시간으로 교환함으로써 신속한 재고 보충과 쓸데없는 재고관리 비용을 최소화하여 경쟁사에 비해 낮은 매출원가를 실현할 수 있었다. 월마트는 이 같은 물류 시스템을 기반으로 총 매출액에서 판매관리비가 차지하는 비중을 15%대로 낮추었다.

한국 이마트의 탄생과 월마트의 탄생은 미약했지만, 둘 다 다양한 시행착오를 통해서 물류 시스템을 현대화함으로써 발전했다. 그러나 월마트코리아의 최첨단 물류 시스템은 종이호랑이에 불과했다. 산이 많은 한국 지형에 대한 이해 부족과 물류창고 부지 선정과 관련된 외국 기업의 제약 등은 월마트의 핵심 경쟁력을 무색케 만들었다.

이처럼 다점포의 원칙이 무엇보다 중요한 할인점 시장에서 현지에 적합한 물류 시스템은 무엇보다 중요하다. 이는 결국 비용에 직접적인 영향을 주기 때문이다. 이마트는 월마트가 간과했던 시스템의 현지화를 최대한 활용했던 셈이다.

| 급성장의 열쇠, 직원들에게 있다 |

오늘날 세계적인 기업으로 기억되는 기업의 중심에는 늘 직원들이

●●EDI 전자서류 전송 시스템 또는 전자자료 교환 시스템으로 불린다. 기업의 수출입, 수주 발주, 금융거래 등에 필요한 서류나 관공서의 각종 승인 업무 등을 서류 없이 컴퓨터로 즉시 처리하여 시간과 비용을 절감하는 시스템을 말한다.

있었다. 월마트도 예외는 아니었다. 일단 창업자 샘 월튼은 입버릇처럼 '선 다운 룰Sun down rule'을 말해 왔다. "그날의 일은 그날에 처리하라."라는 말이다. '선 다운 룰'과 함께, 월마트 창업 때부터 일관되게 지켜온 EDLP를 운영하기 위하여 월튼은 '비용관리와 물류관리'에 대한 권한을 물류 책임자에게 위임했다. 또한 점포 입구에 배치된 그리터Greeter에 의해 마트 안내와 고객 반품 및 운반 등 세밀한 서비스를 제공했으며 '10피트 서비스'라 하여 3.3미터 이내에 있는 고객에게 다가가 무엇을 도울 것인지 물었다.

이러한 고객 서비스는 "직원의 노동에 공평하게 보답하면 반드시 직원은 고객에게 친절히 대하고 친절한 대우를 받은 고객은 다시 방문하게 된다."라는 월마트의 이념이 바탕이 되었기에 가능했다.

그러나 월마트코리아는 본사의 이러한 서비스 교육과 달리 상하 수직관계의 전 근대적인 커뮤니케이션 체제를 갖추고 있었을 뿐 아니라 경영진의 독단과 판단의 오류가 여러 기회(점포 입지 선정, 고객 서비스 아이디어, 고객과 직원의 소리 등)를 놓치고 마는 결과를 가져왔다. 한국 기업과 비교할 때 상대적으로 덜 개방적인 정보 공개 방침으로 현지화 노력에 미흡하다는 평가를 받았다. 더불어 서양 문화에 의한 느슨한 인적관리는 곧바로 고객 서비스 부실로 이어졌으며, 우수 인력이 경쟁업체로 이탈하기 시작했다.

이에 반해 이마트는 백화점 영업 경력과 '유통사관학교'라 불리는 신세계그룹에서 육성된 우수 인력의 포진, 고객의 소리는 물론 직원들의 소리를 경청하는 핵심 경영진의 노력이 튼튼한 기반으로 갖추어져 있었다.

| 현장 점포 우선주의 |

월마트의 창업자 샘 월튼은 창업 때부터 1991년 4월 암으로 사망할 때까지 직접 점포를 순회하며 현장 중심의 경영 방식을 진행해 왔다. 1980년 이후 점포 수가 대폭적으로 증가하면서 직접 전용기를 운전하며 수많은 점포를 순시할 정도로 현장 점포에 대한 관심이 남달랐다. 이러한 샘 월튼의 현장 점포 중심주의는 월마트의 전통이 되었으며, 본부의 중역 및 모든 관리자들은 대부분의 시간을 점포에서 보내며 점포에서 보고 느낀 것을 토대로 의사결정을 하였다. 이렇게 하여 고객을 직접 맞이하는 점포 현장과 의사결정을 하는 본부와의 조화를 이루며 보다 생생한 전략을 진행할 수 있었다.

반면 월마트코리아는 본사의 글로벌 정책을 맹목적으로 추종하여 실패를 자초한 경향이 짙다. 먼저 한국 소비자들은 재고 창고 같은 분위기를 선호하지 않음을 알았음에도 불구하고 저비용low-cost 원칙을 고수하고 한국 소비자만의 독특한 소비 패턴을 무시했다. 아울러 묶음 판매 형식의 포장제품을 강요했으며, 한국 시장에서는 신선식품이 빈번한 구매를 유도하는 리더 제품이라는 것을 미처 깨닫지 못했다. 이러한 판단 착오는 마트의 주 고객층인 주부들에게서 외면을 받는 요인이 되었다.

또한 한국 할인점은 소비자 밀집지역에 자리해야 한다는 특징을 간과하고, 미국에서처럼 부지가 낮은 외곽에 출점하는 전략을 답습한 것도 철수의 한 요인이 되었다. '소비자 가까이'라는 전략을 무시한 것이다. 더 나아가 경쟁업체들이 TV광고, 드라마와 연계한 PPL 전략을 통해 활발한 활동을 벌이는 동안 월마트코리아는 마케팅 비용 최소화라는 명목으로 소극적인 마케팅을 전개했다.

결국 월마트코리아는 본사 창업자가 몸소 실행하고 강조한 현장 점포 우선주의마저 외면하고 말았다. 따라서 최고의 바잉파워와 인공위성을 이용한 최첨단 물류정보 시스템, 그리고 저렴한 자본조달과 거대한 자기자본, 다양한 MD와 PB 개발 노하우 등 세계 최대 유통기업의 최상의 경영 노하우에도 불구하고 '철수'라는 내키지 않는 결정을 내릴 수밖에 없었던 것이다.

바통을 이어받은 이마트는 월마트의 이러한 허점을 그들만의 경쟁우위로 만들어나갔다.

1세대에서 4세대까지,
이마트는 더 이상 마트가 아니다

이마트의 세대별 MD 구성을 보면 우리나라 대형 할인점
의 역사를 보는 느낌이다. 1993년 창동점에서 시작하여
2007년 이후 성숙기로 접어든 이마트는 고객의 필요와 소
리를 경청하면서 신속한 판단과 추진력 그리고 의사결정
을 통해 국내 할인점 시장을 선도하고 있다.

그럼 세대별 상황과 신세계 이마트의 변화의 과정을 살펴보기로
하자. 1세대라 할 수 있는 창동점의 오픈은 그야말로 할인점 개념만
도입한 창고형 마트였으나, 매스컴의 적극적인 홍보와 '무척 싸다'
는 소비자들의 입을 통한 구전 마케팅 효과로 오픈 당해에 소규모 흑
자를 이뤄냈다. 개점 전까지 상품 공급의 차질 등도 있었고, 백화점

에서 새로운 업태로 전환하기까지 여러 진통도 있었으나 '가격 파괴'라는 특장점으로 고객들에게 어필할 수 있었다.

그리고 분당점을 시작으로 '최저가격 보상제'를 실시하며 선발 브랜드로서의 장점을 발휘하여 고객 집객의 효과를 나타내기 시작했다. 이 당시의 중대한 관건은 유통시장의 주도권을 쥐고 있는 공급자, 즉 제조업체와의 이해관계였다. 한마디로 개장 초반은 이마트가 '매장에 물건 채우기'에 급급하던 시기였다.

그런 가운데 IMF 경제위기에 직면한 1997년 말부터는 신세계 이마트 핵심 경영진의 냉철한 판단과 과감한 결정이 요구되던 과도기였다. 대외적으로는 경제위기였지만 신세계 이마트로서는 기회였다. 프라이스클럽 매각 등 확보된 자금으로 부지 확보에 나섰으며 백화점으로 설계된 산본점 등을 과감히 할인점으로 전환하였다. 이런 결정은 1996년 유통개방 후 한국에 진출한 월마트, 까르푸 등의 외국 기업과 경쟁할 수 있는 동력이 되었다. 그리고 이마트는 한국형 토종 할인점으로 변신을 모색한다. 1999년부터 시작된 2세대는 비로소 다점포 시대를 열고 좀 더 고객에게 다가갈 수 있는 시스템(물류 분야 및 유통정보) 등이 개발되었다.

1, 2세대의 할인점은 도입기와 성장기를 거치면서 할인점의 개념을 알리고, 신세계 이마트의 기능과 특성을 통해 시장점유율을 확보하기 위해 경쟁하던 시기였다. 2005년부터 시작된 3세대는 신세계 이마트로서는 과거 저비용 체제를 뛰어넘는 획기적인 시도의 시기

라 할 수 있다. 고객의 브랜드 충성도와 시장에서의 선점 위치, 외국 대형 할인마트 철수로 인한 시장구도의 변화, 소비자 트렌드의 고급화 및 양극화, 신 유통업태 출현 등으로 전문점이 결합된 복합형 할인점이 탄생된 것이다.

그 규모도 1세대가 보통 4958.7㎡(1500평)였다면 2세대는 9917.4㎡(3000평)에서 3세대는 전문매장을 수용하기 위한 1만3223.2~1만6529㎡(4000~5000평)로 바뀌어갔다. 그리고 철저히 소비자 중심으로 운영하되 '새로운 생활가치 제안'을 통해 가격에서 가치로 전환되는 패턴을 명확히 보여주었다.

4세대형을 추구하는 자양점의 와인 매장.

그리고 105호점인 자양점은 좀 더 대규모로 할인점 영역에서 벗어
난 통합된 온·오프라인 프리미엄 할인점의 모습을 하고 있다. 내부시

이마트의 세대별 MD 구성표

구 분	1세대 (1993년~)	2세대 (1999년~)	3세대 (2005년~)	4세대 (2007년~)
대표점포	창동점(1호점)	산본점(20호점)	죽전점(78호점)	자양점(105호점)
콘셉트	창고형 할인점	한국형 할인점	복합형 할인점	프리미엄 할인점
특징	가격파괴	다점포 시대	전문점의 결합형	고급 MD 대폭 강화
매장규모	1500평	3000평	4000~5000평 이상	3600평
외벽색상	베이지색	베이지색	와인색	–
운영방법	효율 중심 번들, 박스 판매, 일괄 계산	편의성 중시 낱개 판매, 섹션 매장, 일괄 계산	소비자 중심 운영 낱개 판매, 전문 매장	백화점 수준의 할인점 전문 테마숍,
MD	초저가 생필품 중심 상품 수: 1만~2만 개	차별화MD 개발 PB(이플러스, 이베이직), 상품 수: 3만~5만 개	새로운 생활가치 제안형 MD 상품 수: 6만~7만 개	고급 MD부터 최저가 MD까지 다양한 구색 상품 수: 6만 개 이상
테넌트	–	도입 시기 수선, 사진관, 안경점, 약국, 여행사, 푸드코트	고급화 게임센터, 고급 레스토랑, 자동차용품 전문점	고객 편의시설 다양화 치과, 약국, 미용실, 세탁수선, 안경점
하드웨어	창고형 매장 Over-Stock / NO-Interior	한국형 매장 낮은 집기(1.6~1.8m), 천장마감, 인테리어 도입	쾌적한 쇼핑환경 높은 층고(3m→4m), 높아진 집기(2.1m), 넓은 동선(3.5m→ 4m)	고급화된 쇼핑환경 신선매장의 계단식 집기 배열 방식(볼륨감 극대화), 벌크형 냉장 쇼케이스, 상품부각 집중조명 방식
서비스	최저가격2배보상제, 신선식품 리콜제, 계산착오보상제, 100%교환환불제, 지역단체마일리지	약속불이행보상제, 최저가격신고보상제, 품질불량상품보상제	장애우용 카트, 어린이 쇼핑카트, 야외 테라스	고객 감사 및 안내 메시지 (애프터 서비스 제도), 와인 KIOSK 단말기, 광어 생산이력 체크 시스템

설도 준백화점급이라고 할 수 있을 정도다. 매장 간의 명확한 경계선을 헐었으며 전문 테마숍, 해외 수입 멀티숍, 와인 검색기의 하이테크 high tech, 해외 유명 마트를 벤치마킹한 진열대와 조명 방식, 백화점 방식의 A/S 등 미래의 대형 할인점 스타일을 앞당겨 실행하는 진일보된 양상을 보여주고 있다.

그동안 이마트는 이 땅에 대형 할인점의 문을 연 선발주자로서 커다란 카테고리Category● 내에서 혁신적인 발전을 거듭해 왔다. 이는 이마트가 고객의 소리와 편의, 그리고 필요에 민감하게 대응해 왔다는 증거이다. 또한 앞으로도 끊임없이 창의적으로 시장을 주도해 나갈 것으로 예측된다. 더불어 원칙은 지켜나가되 시대적 필요에 융통성 있게 대처해 나가는 순발력은 향후에도 이마트를 선두주자로서의 위치를 확고하게 할 뿐 아니라 해외 기업과의 경쟁에서도 우위를 차지하게 하는 요소로 작용할 것으로 보인다.

●**카테고리** 범위, 범주, 분류 등을 가리키는 말. 소매업계에서는 상품분류에 사용하는 경우가 일반적이다. 카테고리 매니지먼트에 있어서 카테고리는 전략수행 단위로서 관리체계를 만드는 기본이 되고 카테고리 분류 방법으로는 여러 가지가 있다.

대한민국 1등 브랜드, 이마트의 주역을 찾아서

윤현동 신세계 이마트 재무담당 상무

원칙은 지키되 적용은 현실적으로,
융통성 있게 발전해 왔습니다

　일관성 있게 관리·회계 부문에서 일해 온 윤현동 상무는 관리통답
게 줄곧 할인점의 기본 원칙인 로 코스트 오퍼레이션과 시스템에 대해
심도 있고 통찰력 있는 견해를 피력했다. 특히 업무문화에서 광의의 시
스템까지 연관된 여러 요소를 설명해 주었는데, 그의 결론은 CEO의 판
단력과 결단력으로 모아졌다.

다시 말하지만 결국 문제는 시스템이죠

1993년에 이마트를 시작했지만, 소프트웨어적인 틀을 갖춘 건 1996년도였습니다. 기존 조직이 점포 단위로 있다가, 1996년 초 황경규 전 대표가 본부장으로 부임하면서 백화점에서 완전히 분리되어 본부 체계를 갖추었습니다.

시스템은 여러 요소가 서로 유기적으로 연결되어 시너지를 창출하도록 합니다. 그래서 단순한 전산화와는 다르죠. 이마트는 소비자와 내부 운영에 관한 시스템을 꾸준히 개발해 왔습니다. 특히 저비용 원칙을 통한 COS, 즉 체인 오퍼레이션 시스템을 이루기 위해서는 물류 시스템이 필수적이었죠. 그런데 말이 시스템 개발이지 여기에는 집중투자가 필요합니다. 그만큼 CEO의 판단력과 결단력이 중요했던 겁니다.

에피소드를 하나 말씀드리면 1997년이었던 것으로 기억합니다. 최저가격 보상제를 실시하면서 조건 없는 교환·환불제도가 시행됐죠. 그런데 경영진의 고민은 직원들의 의지와 동의였습니다. 결국 고객과 직접 만나는 현장직원들이 이해하지 못하거나 따라오지 못하면 바로 고객의 불만으로 드러날 테니까요. 어쨌든 저희는 무조건 이유 여하를 막론하고 현금으로 환불해 주라고 지시했습니다. 음식맛이 없어 가져오든, 수년 전에 산 물건이 맘에 안 들든.

그런데 문제는 교환이 시스템을 해치는 겁니다. 교환하기 위해 매장출입을 해야 하는데, 포스 계산대를 이용하지 않고는 물건의 입출을 허락하지 않았기 때문입니다. 그래서 간부 한 명이 매장 하나를 맡아 환불 데스크를 지키고 섰습니다. 그러는 과정에서 우리는 커뮤니케이션의 단축과 통일이 필요하다는 걸 깨달았죠. 그래서 이마트 조직을 직렬보다 병렬 구조로 과감하게 바꿨습니다.

지속적인 직원교육으로 시스템을 만들어갔습니다

단적으로 말해서 이마트는 100% 전문 경영인에 의해서 움직이는 회사입니다. 관리를 맡은 임원으로서 저는 수익성을 따져볼 수밖에 없었습니다. 먼저 백화점과 이마트를 비교해 보게 되었습니다. 1984년만 하더라도 백화점은 전부 단일점포였습니다. 신세계, 롯데, 미도파 등의 백화점만이 존재하다 1985년도에 신세계 영등포점이 개점되면서 지점이라는 개념이 생겼습니다. 그 당시만 해도 백화점 업계는 호황이었습니다. 그러다 1980년대 중후반에 백화점이 현금장사라는 소문이 난 후 부동산 재벌의 백화점 진출 등의 이유로 수익성이 저하되기 시작했습니다.

그런 경험 때문에 할인점을 시작할 때 광고비도 줄이고 시스템도 정비해 인력을 최소화하려고 했죠. 근데 초창기에 매장에 상품 재고가 떨어지면 백화점에서 일했던 직원들은 시스템을 무시하고 매입하려 했습니다. 무조건 파는 것이 습성인 백화점 직원들은 할인점의 시스템을 이해하지 못했던 겁니다.

그래서 강제적으로 시스템을 통하지 않고는 매입을 하지 못하게 했고, 정상적인 매입 시스템 확립을 위해서 지속적으로 직원들을 교육시켜 나갔습니다.

또 하나, 직원에게 고객정보나 고객의 소리를 철저하게 수집하라는 교육을 했습니다. 사실 이마트는 경영정보, 고객정보 그리고 영업정보들이 매일 대표이사에게까지 보고되고 있습니다. 소비자의 불만사항은 무엇이고, 점포에서 어떤 일이 일어났으며, 소비자의 권유사항은 무엇인지. 심지어 어떤 종류의 물건이 얼마나 팔렸는지도 알아볼 수 있도록 데이터 시스템을 구축했고, 고객 서비스 시스템도 마련해 나갔습니다. 이렇게 하다 보니 각자가 맡은 역할을 제대로 파악하고 쓸데없는 일은 줄여갈 수 있었습니다.

월마트의 패인은 물론 신선식품에 있긴 하지만, 그 외에도 운영체제를 움직이는 사람, 즉 직원교육에 대한 부재 때문이 아니었나 생각됩니다. 로마에 가면 로마의 법을 따라야 하듯 한국에서는 한국적 직원교육이 필요했던 거죠. 결국 아무리 좋은 시스템이라도 그것을 운영하는 사람이 어떻게 하느냐에 달려 있는 것은 두 말할 나위가 없습니다. 물론 그 바탕은 고객의 소리입니다.

할인점은 그에 맞는 머천다이징 전략이 필요합니다

항상 시스템을 만들 때 샘플을 활용합니다. 가령 어느 지점에 입점할 계획이 서면 그와 유사한 지역을 샘플링합니다. 그래서 충분히 검토하고 조사하고 활용하여 그 지역에 들어설 점포의 특징을 계획합니다. 이것이 점포마다의 차별성입니다. 물론 100% 완벽하게 할 수는 없습니다. 다만 기본에서 상향 표준화를 적극적으로 유도하는 거죠. 그래서 이마트는 제품구성력이라고 할 수 있는 MD 전략이 생명입니다. 앞서 가는 점포를 벤치마킹하고, 오래된 점포는 리모델링해서 내부적으로 선의의 경쟁을 유도합니다. 최근에 오픈한 자양점이 그 본보기인데, 어디에서 이 방법을 사용했더니 잘되더라고 검증되면 다른 지점으로 리모델링을 확산합니다. 그렇게 해서 일산점도 최근 리모델링을 했고요.

또한 당연히 지역상권에 따라 MD도 차별화하고 있습니다. 예를 들어 개점 당시 표준화했던 모델로 상품을 진열했는데 1~2개월 후에 MD 밸런스가 흔들린다고 판단되면, 그 지역의 고객 수준에 맞게 과감히 재조정합니다. 아무리 표준화가 원칙이라도 획일적으로 적용할 수는 없는 겁니다. 고객의 필요와 변화에 민감하게 반응해야 합니다. 그만큼 할인점은 할인점에 맞는 MD 전략이 있는 거죠.

그래서 즉석요리와 같은 신선식품도 매월 품평회를 가집니다. 끊임없이 상품을 구성하고 제안하죠. 지구본을 MD로 끌어들인 적이 있습니다. 이 물건은 시장에서 파는 것이 아니고 원래 과학교재사나 문방구에서나 살 수 있는 것입니다. 그러나 우리는 허를 찔렀죠. 그런데 학부모님들의 반응이 정말 좋았습니다.

바로 이와 같은 것입니다. 상식을 뒤집는 역발상의 MD전략이 필요한 겁니다. 예전에 찾아볼 수 없던 상품을 제안하여 상품 수를 늘리고 신상품과 구상품의 회전을 빨리하여 상품의 선호도를 높입니다. 감자에 흙이 묻어 있는 채, 생선도 쌓아둔 채 판매하다가 일일이 세척하고 손질해야 하는 불편함이 소비자로부터 제기되자 신선도도 좋지만 편리함에 초점을 맞춰 새롭게 포장하고 진열했습니다. 또한 소비자에게 상품 신선도를 알리기 위해서 매장에 TV를 설치했습니다. 다시 말해 이마트의 MD전략은 획일화가 아니라, 표준화입니다.

Chapter 3

육감으로 체험하고 느껴라

01 신선도, 그것은 생명이다

이마트는 2007년 7월 19일 광주 봉선동에 107호점 봉선점을 오픈하기까지, 한국 할인점 업계에서 부동의 1위를 달리고 있다. 그 원동력은 무엇보다 신선식품을 최대 강점으로 내세우는 이마트의 변함없는 고객 서비스 전략이다.

이는 외국 할인점과의 경쟁에서 진가를 발휘했던 부분이며 오픈 초기부터 우리나라 소비자들이 선호하는 상품군을 집중적으로 연구한 결과이기도 하다. 그 예로 이마트 은평점의 매출구성표를 보자. 은평점의 가공식품과 신선식품은 전체 매출의 50%에 달한다. 이는 산지 직송 체제 또는 네 개의 물류센터, 특히 신선식품 처리 센터Wet Center에 의한 철저한 관리 시스템 및 당일 배송 시스템을 통한 신선

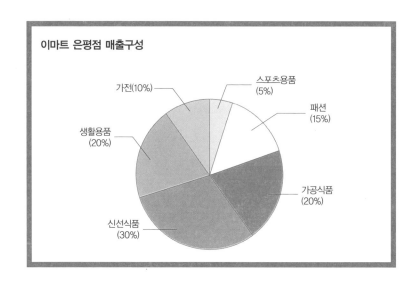

이마트 은평점 매출구성

- 가전(10%)
- 스포츠용품 (5%)
- 패션 (15%)
- 생활용품 (20%)
- 가공식품 (20%)
- 신선식품 (30%)

식품 공급 노하우에 의한 것임은 두 말할 필요도 없을 것이다.

그렇다면 이마트 외에 다른 대형 할인점도 신선식품을 핵심 경쟁력으로 내세우고 있을까? 그렇지 않다. 이랜드 홈에버(구 한국까르푸)의 경우 모회사의 강점인 패션 부문을 특화시키는 방법으로 '백화점식 할인점'이라는 새로운 형태의 사업모델을 추구한다. 그래서 의류 브랜드가 대거 입점했으며 고급스런 인테리어를 강조하고 있다. 이밖에 2, 3위인 홈플러스와 롯데마트도 한 공간에서 모든 생활용품을 구경하며 구매할 수 있는 이마트의 MD 구성력을 벤치마킹하고 있다.

홈플러스는 고객관계관리Customer Relationship Marketing●와 문화센터를 차별화 요인으로 설정하고 업계 최초로(1999년) 문화센터를 개장했으며, '원스톱 솔루션 공간'으로 대형 할인점의 변신을 꾀하고 있는 롯

●**고객관계관리** 객층별, 고객별 데이터에 의해 고객의 needs, wants, 구매행동 패턴 등을 분석하여 고객과의 관계를 보다 긴밀히 하는 마케팅 기법을 말한다.

데마트는 매장 내 편의시설에 모든 역량을 집중시키고 있다. 롯데마트 안산점은 할인점 업계 최초로 3, 4층에 멀티플렉스 영화관을 입점시켰다. 이를 계기로 마트 내에서의 보험상품과 인터넷 서비스 판매, 은행업무 등도 가능하게 했으며 소비자 의식수준에 맞는 다양한 편의시설에 포커스를 맞추고 있다. 다음 매출구성표를 보면 각 사가 어떤 전략으로 소비자들에게 접근하려 하는지 쉽게 파악할 수 있다.

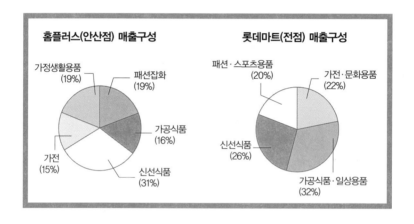

우리는 여기서 각 사가 지향하는 핵심 경쟁력이 무엇인지 알 수 있다. 이렇듯 핵심 경쟁력이란 광범위한 기술과 능력을 포함하는데, 경쟁력은 제품을 생산하거나 서비스를 제공할 수 있는 특정한 능력부터 훌륭한 관리업무와 유통의 효율성 등과 같은 좀 더 넓은 개념의 기술까지 포괄한다.

그렇다면 이마트의 핵심 경쟁력은 무엇일까?

이마트는 신선식품에 대한 소비자들의 신뢰 제고를 위해 '신선식품 3대 고객만족 제도'를 만들어 경쟁자와 확실히 차별화하겠다는 핵심 전략을 내세웠다. 이를테면 신선식품 1000여 종에 대한 '당일 상품 당일 판매'와 '진열기한 표시' 그리고 '과일 당도 표시' 등은 신선도의 생명을 강조하는 것이다. 이는 곧 고객에 대한 신뢰도를 높이고, 타 업체와의 경쟁력을 키우는 결과를 가져왔다.

'신선식품 강화'라는 경영철학에서 볼 수 있듯이 이마트는 고객가치 증대를 위한 이익창출에 온 힘을 쏟고 있다. 이 가운데 중점 부문을 특화하여 점포 경쟁력을 강화하고, 상품력을 쇄신하여 생활문화

신선도를 위해 야채 및 청과물은 낱개포장을 기본으로 한다.

신선식품 3대 고객만족 제도별 해당 품목 현황

비 고		해당 상품(총 1000개 품목)
당일상품당일판매제		딸기, 체리, 양배추, 배추, 시금치, 미나리, 느타리, 한우, 돈육, 갈치, 고등어 등
진열기한표시제	D + 1	포도, 참외, 연시, 자두, 버섯, 고추 등
	D + 2	단감, 밀감, 수박, 오렌지, 감자, 고구마 등
	D + 3	봉지 사과, 배, 모과, 생강 등
	D + 4	양파, 마늘, 호박류, 닭고기 등
당도관리표시제		사과, 배, 감, 딸기, 수박, 참외, 파인애플, 바나나 등

를 이끌어가야 한다는 선발 브랜드의 자긍심과 책임의식을 동시에 절감하고 있다.

　그간 백화점은 물론 할인점 업계와의 동질화된 경쟁 속에서 고객 이탈과 수익구조의 압박을 받아오면서 상품, 서비스, 프로모션 등 주요 경영요소에서 경쟁업체와 차별화되지 않으면 '넘버 원 브랜드'로 롱런할 수 없다는 위기의식을 느껴왔던 이마트는, 경쟁사의 공격에 일일이 대응하기보다는 내부적으로 한 차원 업그레이드하여 앞서가는 것이 방어라고 판단했다. 최선의 방어는 공격이다. 따라서 점유율을 확대하거나 유지하고 더 나아가 시장을 확대하기 위하여 진입장벽 강화 및 신규 고객 발굴, 그리고 잠재수요 개발까지 그 영역을 넓히려고 끊임없이 노력하고 있는 것이다.

　이런 차원에서 이마트는 G마켓과 손을 잡고 과감히 신선식품 시장의 신(新) 경쟁시대를 열었다. 인터넷 장터로 불리는 오픈마켓에 이마트가 새로운 카테고리를 설정하여 시장 확대를 시도한 것이다. 곧이어 홈플러스도 인터파크와 전략적 제휴를 맺어 온라인 신선식품 시장의 경쟁자로 이마트를 추격하고 있다.

| 핵심 경쟁력 2 : 그날 일은 그날에 끝내라 |

이마트는 담당자가 오픈 전 광고상품의 입점 여부 및 진열상품과의 일치 여부를 낱낱이 점검하여 현장에 피드백하고 아침마다 사원들

야채의 신선도와 성분을 알려주는 홍보용 텔레비전이 고객에게 신뢰를 준다.

에게 광고상품에 대한 공감미팅을 실시한다. 판매전략이 광고로 끝날 것이 아니라, 고객과의 약속이 완벽하게 이루어져야 한다는 조직문화 및 서비스 정신을 구현하는 것이다. 광고상품의 물량을 충분히 갖추어 품절과 결품은 결코 있어서는 안 된다는 것이 현장 근무자의 신조이다.

신선 부문 상품관리에서 무엇보다 중요한 것은 단일 입점한 상품은 반드시 당일 완판하고 익일 영업 시에는 싱싱한 새 상품을 진열해야 한다는 것이다. 특히 야채나 생선 등의 경우 이 원칙이 지켜져야 선도를 유지하고 관리될 수가 있으며 로열티 고객이 더불어 늘어날 수 있다.

당일 입점 상품을 당일에 완판한다는 원칙을 알리는 당일상품판매제 POP.

그렇다면 '당일 입점 상품 당일 완판 전략'은 어떻게 해야 가능할까? 먼저 상품의 선도를 높이는 활동이 이 전략과 긴밀한 관계가 있다. 이마트의 신선매장의 선도 관리 개념이 '당일 입점 상품을 당일에 완판한다'는 원칙에 의거하므로 더욱 그러하다. 가격을 인하하여 판매하거나 즉시 진열·노출도를 조정하고, 연관 진열 및 POP를 통해 적극적으로 상품을 고지한다.

상품의 선도가 떨어지면 판매가 부진하고, 판매가 부진하면 수익이 떨어지기 때문에 이 부분은 이마트의 경쟁력과 직접적으로 연결된다. 따라서 '당일 입점 상품 당일 완판 전략'이 수익률을 희생하라는 말은 절대 아니다.

어떻게 보면 두 마리의 토끼를 좇는 일일지도 모르지만 기업의 마케팅 전략에서는 두 가지 요소를 다 만족시켜야 한다. 그러기 위해서는 주별 판매 데이터나 판매 기법을 분석하여 적정 발주를 내는 것이 우선되어야 한다. 그러고 난 후 진열 방법이나 집적 효과를 고려한 상품 설명서와 POP물을 점검한다. 이어서 마케팅의 흐름을 관장하고 있는 슈퍼바이저의 현장 지도와 판매사원의 접객 서비스 교육이 실시되어야 한다. 물론 상품 입점 시 품질검사를 강화하여 상품의 선도가 떨어진다고 판단될 때는 입점을 재고한다.

아울러 '당일 입점 상품 당일 완판 전략'의 마지막 코스라 할 수 있는 반짝세일은 판촉 수단의 차원보다는 게릴라 마케팅 측면에서 연구되어야 한다. 이 방법이 지금까지는 당일 완판을 위한 처분 개념으로 인식되었다면, 이제부터는 효과적인 집객 전략 및 구전효과를 얻기 위한 마케팅 기법으로 정립되어야 할 것이다.

통상 타임서비스라고 불리는 할인점의 반짝세일은 마감시간 직전

대형 할인점 타임서비스 유형

오전 10~12시 ○● 오전 타임서비스는 주로 1일 한정 상품을 정해 파격가에 판매하는 것으로, 고객들을 매장에 불러내기 위한 미끼 전술이다. 이마트는 매장 상황에 따라 매출 10위 안에 드는 상품 중에 몇 가지를 골라 파격가에 판매한다. 롯데마트도 신선식품, 가공식품, 생필품, 소형가전 등 전 상품군에 걸쳐 20%에서 최고 50%까지 저렴하게 판매한다.

정오~오후 3시 ○○ 대부분 도심에 위치한 할인점은 직장인들을 위한 과일, 음료 등 후식 위주로 타임서비스를 실시한다. 이 시간대에 매장에 나오는 쇼핑객들은 시간적으로 여유로운 주부들이 많기 때문에, 세제나 화장지 등 덩치 큰 공산품을 주로 내놓는데 '1+1서비스' 형태로 진행되는 경우가 많다.

오후 5~7시 ○○ 저녁 찬거리를 준비하기 위한 주부들의 장보기가 본격화되면서 매장이 가장 붐비는 시간대이다. 이마트는 당일 물량이 많은 상품을 주로 이 시간대에 서비스한다. 예를 들어 참외가 많이 입점되었으면 안내방송을 통해 고객에게 알리고 10~20분 정도 시간을 한정해 30~50% 할인판매한다.

폐점 1시간 전 ○● 선어, 축산물, 야채류 등 당일 완판을 해야 하는 상품들을 폐점 2~3시간 전부터 할인된 가격으로 판매하기 시작한다. 어패류, 생물생선 등이 주요 품목인데 거의 떨이 수준이기 때문에 가격도 가장 싸다. 일반적으로 선도를 봐가면서 담당자가 20%, 30%, 50%까지 할인 스티커를 붙여 판매하는데, 마감 시간이 임박할수록 고객에게 유리한 서비스가 실시된다.

에 한 차례씩 특정 상품을 30~70%까지 저렴한 가격에 내놓는 형태로 이루어지는데 현재 운영되는 타임서비스는 오전, 오후, 저녁 시간 등 서너 차례씩 실행되기도 한다.

그렇다면 왜 주부 고객은 이런 서비스에 열광하는 것일까? 주부 고객들의 라이프스타일을 읽을 수 있는 다음의 글을 소개한다.

> 감성과 머리 대신 힘을 써야 하는 할인매장은 쇼핑이라기보다는 거의 작업에 가깝다. 여성들이 할인매장에서 원하는 것이 있다면 딱 한 가지, 싼 가격이다. 복잡해도 참고 불친절해도 참는다. 주차할 때 30분씩 기다려도 참는다. 그러나 가격이 비싸면 떠난다. 여자들이 집에서 멀리 떨어진 할인매장에 자동차까지 타고 가서 쇼핑을 하는 이유가 무엇이겠는가? 물건이 많기 때문이기도 하지만 무엇보다 가격이 싸기 때문이다. 돈이 많은 사람이건 적은 사람이건 여자라면 누구나 똑같다. 할인매장에서는 조금이라도 싸게 사야 여자의 자부심이 산다. 이것은 백화점에서 고급스러운 제품을 살 때 느끼는 자부심과는 다른 종류라고 봐야 한다. 이것은 '알뜰증후군'에 연유한 자부심이다. 많은 여성이 '알뜰증후군'에 시달린다. 알뜰하다는 소리를 들어야 비로소 제대로 된 주부라는 느낌이 든다.
>
> —김미경의 《여성마케팅》(위즈덤하우스) 중에서

이런 소비자들에게 반짝세일이라는 명분으로 게릴라 마케팅을 전개하는 것은 가깝게는 '당일 입점 상품 당일 완판 전략'을 효과적으로 수행한다는 점도 있지만 더 나아가 작은 아이디어로 두터운 고객층을 만드는 단초가 될 수 있다는 측면에서 연구해 볼 만하다. 문제는 그 효과가 단기간으로 제한될 수 있다는 것인데, 게릴라 마케팅을 통해 확보된 고객을 지속적으로 관리하며 충성고객으로 전환할 수 있는 고객관계관리 전략을 함께 고려해야 한다.

할인점에서 이루어지는 '반짝세일 타임서비스'는 고객들이 밀집되어 있는 지역에서 기존 고객보다 잠재고객의 구매력을 유도하는데 큰 역할을 한다. 특히 우리나라는 대규모의 동질적인 소비자들이 하루의 상당 부분을 보내는 지역이 일부에 집중되어 있기 때문에, 유

대한민국 1등 할인점답게 일정 기간은 파격가로 상품을 세일하여 판매하고 있다.

사한 특성을 가진 소비자 집단을 파악하여 이들을 집중적으로 공략한다면 큰 효과를 얻을 수 있다.

　과학적인 시스템으로 당일 완판 전략을 예측하고 판매하는 것이 이상적일지 모르지만, 게릴라 마케팅을 통해서 충성고객을 만들고 소기의 목적뿐 아니라 소비자와 지속적으로 관계를 맺기 위한 전략을 펼치는 것 또한 합리적인 정책이라 할 수 있다.

02 넌 백화점 가니? 난 이마트 간다

과거에는 소비행태에 따른 소비 장소의 차별화가 정착되는 추세였다. 이를테면 편의성을 추구할 경우에는 편의점이나 슈퍼마켓 혹은 온라인쇼핑몰을, 고급소비를 할 때는 주로 백화점을, 그리고 저가소비는 또 그에 맞는 구매 장소를 물색해 왔다.

그러나 이러한 소비행태와 소비 장소의 경계 파괴를 선언하고 나선 것이 바로 이마트이다. 이마트 자양점은 상품, 서비스, 매장 오퍼레이션 등 모든 부문에서 국내 최고급 수준의 '프리미엄 대형마트'라 해도 손색이 없을 정도로 외국 할인점의 선진기법을 벤치마킹하여 '할인점의 영역파괴'를 선언하고 나섰다.

자양점 와인숍은 백화점이나 와인 전문점에 버금가는 수준으로 기존 점포에서 볼 수 없는 '개방형 와인 셀러'와 고객이 직접 와인 정보를 검색할 수 있는 '무인상품Kiosk'을 설치하여 쇼핑의 편의성을 극대화하였다. 아울러 백화점식 서비스를 벤치마킹한 고객 서비스나 '벌크형 냉장 쇼케이스 판매'는 이마트가 소비 장소의 차별화와 소비행태의 변혁을 이끌어가는 선두주자임을 여실히 보여준다. 특히 신선식품 매장의 집기를 기존과 다른 '계단식 집기 배열 방식'으로 설치하거나 고급 원목을 사용한 것은 이마트의 신뢰도와 편의성을 높여주었다. 이런 점에서 이마트는 3세대 점포의 전형이며 업그레이드된 프리미

위 와인 정보를 검색할 수 있는 와인 키오스크 | 아래 자양점 와인숍

엄 마트로 인정받기에 부족하지 않다.

이마트에 대한 브랜드 인지도는 이마트가 할인점의 보통명사가 될 정도로 높다. 이마트는 유통업계의 국내 최고 브랜드로 10여 년 간 고객의 전폭적인 지지를 받아왔다. 이는 오프라인 유통업의 특징 인 '규모의 경제학'을 추구해 온 때문도 있지만 무엇보다 고객 위주 의 '신뢰성'과 '편리함'을 추구하고자 했던 브랜드 오블리제 때문이 아니었을까 한다.

이제 소비자들은 외식과 쇼핑을 함께할 수 있는 이마트에서 가족 과 함께 시간을 보낸다. 그들 스스로 카트에 물건을 담으며 이마트 족, 즉 도시인이라 생각한다. 매일은 아니더라도 일요일이나 공휴일 오후는 가족들과 함께 이마트에 가는 것이 생활화되었다. 친근감, 신 뢰감, 만족도 면에서도 소비자는 이마트에 인색하지 않다. 과거처럼 그저 품목이 다양할 것 같거나 집 가까이에 있다는 이유만으로 이마 트를 찾지는 않는다. 이제 고객들은 이마트 상품의 질에도 점수를 주 고 있다.

1998년에서 2006년까지 고객만족지수NCSI의 변화를 보면 홈플러 스나 롯데마트, 코스트코홀세일 등은 점진적인 발전이나 비슷한 만 족도를 보이는 데 반해 이마트는 끊임없는 자기변신과 개혁, 지속적 인 투자 등으로 고객만족도에도 선두를 기록하며 급상승하고 있다. 그러나 이 상황은 이마트에게도 변화의 동기가 되는데, 왜냐하면 2~3위 기업들의 맹추격이 만만치 않고 이들 기업에도 경쟁의 변수가 작용할 여지가 보이기 때문이다. 결국 1위에 안주하지 않는 경영 마인드가 이마트를 더욱 발전시킬 것이다.

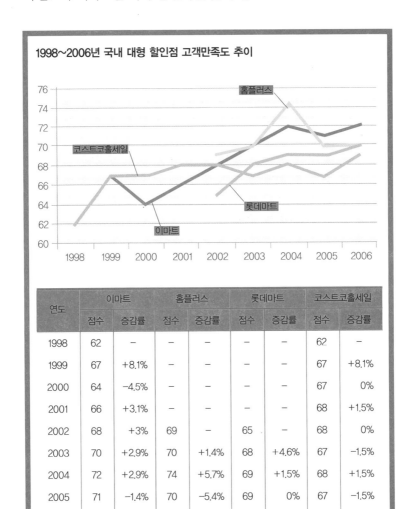

1998~2006년 국내 대형 할인점 고객만족도 추이

연도	이마트		홈플러스		롯데마트		코스트코홀세일	
	점수	증감률	점수	증감률	점수	증감률	점수	증감률
1998	62	–	–	–	–	–	62	–
1999	67	+8.1%	–	–	–	–	67	+8.1%
2000	64	−4.5%	–	–	–	–	67	0%
2001	66	+3.1%	–	–	–	–	68	+1.5%
2002	68	+3%	69	–	65	–	68	0%
2003	70	+2.9%	70	+1.4%	68	+4.6%	67	−1.5%
2004	72	+2.9%	74	+5.7%	69	+1.5%	68	+1.5%
2005	71	−1.4%	70	−5.4%	69	0%	67	−1.5%
2006	72	+1.4%	70	0%	70	+1.4%	69	+3%

03 여성 소비자의 감성을 움직여라

스타벅스는 다른 브랜드처럼 요란하게 홍보활동을 하지 않아도 커피 이상의 그 무엇을 제공한다고 고객들은 생각한다.

즉 일류 브랜드가 되기 위해서 어떤 강력하고 독특한 브랜드가 고객 마음에 존재하는가와, 그 브랜드를 통해 어떤 혜택과 욕구를 충족시켜 줄 수 있는가를 소비자는 또렷하게 인식한다는 것이다. 더불어 고객의 마음속에 좋은 브랜드 이미지로 자리 잡기 위해서는 차별적 포인트를 제공해야 한다. 이런 원칙은 대형 할인점의 브랜드 가치에도 그대로 적용된다.

〈서울신문〉이 국민은행카드 고객 900만 명의 두 달간(2006년 7~8

월) 카드 사용 내역을 분석한 결과를 발표했다. 그 결과에 따르면 남성의 경우는 사십대의 사용액이 1조 64억 원으로 가장 많았고, 여성의 경우는 삼십대가 6162억 원으로 최고를 차지했다.

이 결과를 한마디로 정리하면 남성은 '먹고 마시는 데', 여성은 '쇼핑하는 데' 소비를 했다고 한다. 특히 여성의 경우는 대형 할인점 (16.92%)에서의 소비가 가장 큰 비중을 차지했다. 이는 주부는 물론 젊은 여성들의 사회진출에 따른 소비 주도층으로의 부상 가능성을 증명한다. 할인점의 주요 소비층은 삼십대 여성임이 틀림없다.

그들은 제품 자체보다는 제품이 주는 분위기, 제품에서 느낄 수 있는 특별한 감성에 더 만족하는 경우가 많으므로 이마트의 고급화 전략이 성과를 거둘 것임을 짐작할 수 있다. 여기서 한 가지 재미있는

성별, 연령대별 신용카드 사용 분석 (단위 : KB카드 7~8월 사용력 기준)

남	연령	여
① 일반음식점 17.31 ② 주유소 11.39	이십대	① 전자상거래 11.93 ② 대형 할인점 7.91
① 일반음식점 16.36 ② 주유소 11.76	삼십대	① 대형 할인점 16.92 ② 전자상거래 6.98
① 주유소 11.46 ② 대형 할인점 11.16	사십대	① 대형 할인점 15.71 ② 주유소 6.26
① 주유소 11.66 ② 대형 할인점 9.71	오십대	① 대형 할인점 13.58 ② 병원 8.73
① 병원 11.45 ② 주유소 10.23	육십대	① 대형 할인점 13.26 ② 병원 10.73

사실은 여성 소비자들은 눈에 보이는 제품에는 인색하리만치 한푼이라도 깎으려 하지만, 눈에 보이지 않는 느낌이나 분위기에는 가격에 한계를 두지 않는다는 점이다.

'할인점 인테리어의 고급화'를 위해 이마트는 저비용 구조의 테두리 안에서 집기 및 인테리어를 전담하는 표준화 팀을 구성하고, 인테리어 마감재의 표준화와 대량구매를 통한 비용절감으로 매장환경을 더욱 고급화하고 있다.

그렇다면 이마트는 어떻게 상품을 진열하고, 조도와 선도를 설정하며, 고객의 눈높이는 어떤 구조로 맞추는지 그들의 노하우를 살펴보자.

친환경 제품의 신선도 가치를 높이기 위해 다양한 조명을 설치했다.

| 이마트의 매장환경 조성 노하우 |

● 조명은 최대한 밝게 하여 고객을 활기차게 하라

매장 내 밝은 조명은 고객을 더욱 활기차게 쇼핑하거나 상품을 생동감 있게 보여주어 신선감을 높여준다. 특히 식품매장의 조명은 신선식품의 가치를 높이는 데 매우 중요한 역할을 한다. 통상 할인점 매장의 조도는 1500룩스 이상을 유지한다. 한편 이마트 양재점의 경우 조도를 기존 매장보다 10% 정도 밝게(1600~1700룩스)하였으며 패션매장의 경우 간접조명을 설치했다.

● 매출을 높이기 위해 진열 방식을 전략화하라

일반적으로 할인점의 진열 방식은 노출도를 높이거나 용적률, 상품의 특성, 카테고리별로 진열을 하는 방법이 있는데, 최근 이마트는 '크로스 카테고리 머천다이징'이라고 하는 특별한 방식을 적용하였다. 이를테면 서로 다른 카테고리를 테마, 용도, 상황, 객층에 맞게 전개하는 것이다.

예를 들면 회 같은 것을 판매하는 해산물 매장 바로 옆에는 이와 잘 어울리는 청하나 와인 등의 술을 진열하고, 라면 판매대 옆에는 양은 냄비를, 자동차용품 코너엔 졸음방지용 껌을, 생수 매대 옆에는 생수통을 꽂는 소형 가습기를, 샐러드 옆에는 드레싱을 진열하는 식이다.

한 가지 재미있는 사실은 미국의 대형마트들도 맥주와 분유를 함께 팔고 있는데, 분유를 사러 마트에 들린 남자들이 맥주도 같이 사는 경우가 많다는 통계 결과를 마케팅에 적용한 것이라 한다.

● 동선에 따라 다양한 POP를 제공하라

일반적으로 판매점 주변에 전개되는 광고와 디스플레이류 광고를
일컬어 POPPoint of Purchase, 즉 구매시점광고라고 한다. 이 POP광고
는 브랜드를 식별하고 다른 업체의 상품으로부터 시선을 돌려 자사
의 상품을 주목하게 만들며, 구매의 결단을 촉구하는 역할을 한다.
따라서 이 광고를 설치하기 전에 고려해야 할 것은 고객이 상점에 들
어와서부터 상품을 살 때까지의 경로, 즉 동선을 따라 게시되어어 한
다는 점이다. 이것은 이마트 POP전략의 개요이기도 하다.

한국의 소비자들은 보기 좋은 떡이 먹기도 좋다는 생각으로 자신

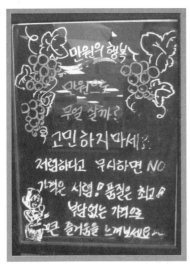

이 구매하고 싶은 제품이 시각
적으로 확 끌리기를 원할 뿐 아
니라 그저 '놓여' 있기보다는
잘 '전시되어' 있기를 바란다.
이제 이마트에서는 고객의 눈
높이에 맞는 진열대, 밝은 조
명, 깔끔한 인테리어 등을 보기
가 그리 어렵지 않게 되었다.
이런 요소도 브랜드 인지도를
정형화하는 요인이 된다는 것
은 새삼 주목할 필요가 있다.

일반적인 POP에서 벗어나 고객의 감성을 자극하
는 포도주 홍보 POP.

오픈 앞두고 텅 빈 매장,
멀티플레이로 공백 메워

　창동점 개점 시 매입 업무를 수행했던 김문종 은평지점장, 그는
"빈대 한 마리 잡으려고 초가삼간 다 태우려 하느냐."라며 할인점과의
거래를 거부했던 초창기 제조업체와의 에피소드를 들려주었다. 열정
하나로 계산에서 주차까지, 성취감 하나로 뛰었던 지난날의 땀과 노력
이 오늘날 이마트의 위상으로 보상받는 것 같아 기쁘다는 그는 최근
유통선진국 일본의 자스코 점장이 방문했을 때의 성취감을 잊지 못하
고 있었다.

초창기에는 이마트에 대한 오해가 많았습니다

일단 이마트 창동점을 오픈할 당시는 제조업체나 유통업체들이 할인점에 대해 시중 가격보다 싸다는 것 외엔 아는 것이 거의 없었던 시절이었습니다. 그들은 이제 막 시작된 유통업체로 인해 대리점 체계가 붕괴될 거라고 생각했습니다. 그래서 이마트와 거래할 경우 어느 정도 판매가 될지도 모르는 상황이고, 기존 시장을 무너뜨릴 수도 있다는 염려 때문에 선뜻 물건을 줄 생각을 하지 않았습니다. 개점 후 6개월이 지났는데도 그런 싸늘한 고정관념은 크게 변하지 않았습니다. 정말 지금 생각하면 참 힘든 시간이었습니다. 생각해 보세요. 시장에 갔는데 살 물건이 없다면 다시 그 시장에 가겠습니까?

처음 오픈할 때 상품 수가 6000~9000개 정도였습니다. 지금의 7만~8만 개 수준의 거의 10분의 1이죠. 판촉비용과 광고비, 물류비용을 줄여 비용을 15% 이상 다운시키기 때문에 시장이나 제조업체에 부정적인 영향을 주지 않을 거라고 설득하고 설득했지만 쉽지 않았습니다. 오히려 그들이 우리에게 빈대 한 마리 잡으려다 초가삼간 태운다며 통사정을 할 정도였으니까요. 그런 상황이다 보니 메이커 상품을 진열하는 것은 꿈도 꾸지 못했습니다.

궁여지책으로 경쟁에서 밀린 상품이나 성장 잠재력이 있는 제조업체와 접촉하여 거래를 시도했습니다. 그러나 역시 가격 문제나 매입 방법, 금융구조 로테이션 등과 같은 어려움이 산적해 있었습니다. 저 또한 백화점에서 가정용품을 담당했던 터라 할인점에 대해 문외한이었습니다. 새롭게 시작한다는 마음으로 공부하고 공부했습니다. 그러다 점차 시간이 흐를수록 할인점 시장의 발전가능성을 보게 되었고, 뉴코아 같은 업체들도 관심을 보이기 시작하더군요. 그때부터 할인점 업계가 본격적인 경쟁체제로 접어든 거죠.

주도권 경쟁에서 이겨내야만 했습니다

할인점이 하나둘씩 늘어나면서 주도권 싸움이 시작되었습니다. 특히 킴스클럽과의 경쟁은 꽤 심했던 걸로 기억합니다. 당시 이마트는 네 개의 점포를 개점하였고 킴스클럽은 확장 시기였기에 좀 역부족이라는 느낌도 받았습니다. 그러다 황 전 대표가 본부장으로 취임하고 시스템을 정비하며 표준화하는 과정을 거친 후, 거의 한 해에 10~19개 정도의 점포가 문을 열었습니다.

그러나 킴스클럽은 우리와 정반대였던 겁니다. 당시를 기억해 보면 무조건 품목을 싸게 판매하는 것만이 차별화 전략이고 고객 서비스였습니다. 유명한 내셔널 브랜드를 판매하는 것이 차별화 전략이었으니 PB상품은 거의 필요가 없었습니다. 그로부터 3년 반이 지나서야 이마트만의 차별화 상품을 고민하게 되었고, 그렇게 해서 PB상품이 탄생하게 되었죠. 이러한 변화에 이제는 격세지감을 느낍니다.

2002년, 이마트를 만들 때 우리가 견학했던 일본 자스코의 점장 80명이 이마트의 조직관리, 매장 진열, 이벤트 등을 알고자 한국에 왔습니다. 그제서야 나는 이마트의 위상을 실감했습니다. 얼마나 가슴이 뿌듯하던지요. 이제는 이마트에 입점하는 것이 제조업체 영업담당자의 능력이고 성과가 되었습니다. 그만큼 고생하고 변화시킨 보람을 느낍니다.

동네 가까이, 그곳엔 이마트가 있다

04

한국의 소비자들은 가끔 할인점에 들러 한 번에 많은 제품을 구매하기보다 필요할 때마다 소량의 제품을 구매하기 때문에 주택 가까운 곳의 마트를 선호하는 경향이 있다.

월마트나 까르푸가 한국 시장에서 철수하는 아픔을 겪었던 이유 가운데 하나도 그것이다. 한국 소비자들의 이러한 라이프스타일을 이해하지 못하고 자국 내 소비자들을 대하듯 안이하면서 소극적인 마케팅으로 일관했기 때문이다.

월마트의 경우 미국 소비자들의 라이프스타일을 그대로 반영, 일산, 구성, 안양, 부천 등 서울 외곽에 점포를 위치시켰다. 마찬가지로 까르푸도 자가용으로 이동해야 하는 도심 외곽 지역에 위치해 고객이 알아서 찾아오는 구시대적인 입점 마케팅을 구사했다. 그러나 이마트를 비롯한 국내 대형 할인점 업체는 그렇게 하지 않았다. 문만 열면 구멍가게와 슈퍼마켓, 그리고 다양한 농산물이 가득한 재래시장을 발견할 수 있는 한국의 입지환경을 고려해 할인점의 경쟁력을 고심했다. 매일 저녁 시장을 봐야 하는 한국 주부들의 마음을 간파했던 것이다.

그렇다면 과연 할인점의 위치, 즉 접근편의성은 판매에 얼마나 큰 영향력을 미칠까? 최근 인터넷 홈페이지를 통해 전국 성인 남녀 1300명을 대상으로 조사한 결과, 전체 응답자 가운데 44%가 할인점 선택 기준으로 교통 및 접근 용이성을 꼽았다. 이는 지난 2000년 말 같은 조사에서 응답자(1000명) 가운데 절반 이상이 상품구색과 가격을 할인점 판단의 잣대로 삼은 반면 교통에 따른 마트 선택은 17%선에 그친 것과는 사뭇 대조적이다. 그만큼 한국 소비자들의 패턴이 급속도로 변해가고 있다는 증거다.

이마트의 주요 매장은 구로, 은평, 성수, 가양, 상봉 등 서울의 인구 밀집 지역에 위치해 있다. 쉽게 말해 가깝고 싸다는 이유로 선호하는 슈퍼마켓이나 재래시장보다 한 차원 높은 저가정책과 고급스러운 분위기로 주부 고객을 흡수하겠다는 것이다.

그러나 동네 가까이 위치하고 있다는 장점이 언제까지나 경쟁자를 물리칠 장벽이 되어주지는 않을 것이다. 그것은 단순히 월마트나 까르푸와의 경쟁에서나 논할 수 있는 고전이 되고 말았다. 이제 문제는 지역 생활문화로 자리 잡은 할인점이 고객에게 어떤 방법으로 다가서느냐 하는 콘텐츠 접근 방식, 즉 지역 밀착 마케팅에 달려 있다.

그 예로 이마트 울산점은 문화시설이 취약하다는 지역적 한계로 인한 고객들의 필요를 간파하고 주제 강의, 서점, 휴게실 등을 마련

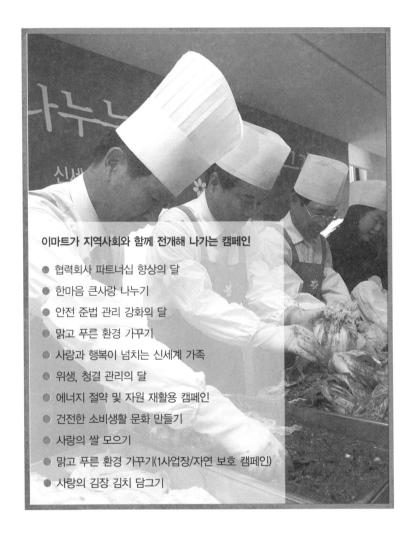

이마트가 지역사회와 함께 전개해 나가는 캠페인

- 협력회사 파트너십 향상의 달
- 한마음 큰사랑 나누기
- 안전 준법 관리 강화의 달
- 맑고 푸른 환경 가꾸기
- 사랑과 행복이 넘치는 신세계 가족
- 위생, 청결 관리의 달
- 에너지 절약 및 자원 재활용 캠페인
- 건전한 소비생활 문화 만들기
- 사랑의 쌀 모으기
- 맑고 푸른 환경 가꾸기(1사업장/자연 보호 캠페인)
- 사랑의 김장 김치 담그기

해 지역 상권의 특성을 최대한 살려놓았다. 또한 인근 중고등학교가 밀집되어 있는 환경을 감안하여 점포의 레이아웃을 바꾸는 파격적인 시도도 마다하지 않았다. 이 밖에 2003년 3월부터 매월 한 가지씩 '윤리 테마'를 선정하여 전 사원이 사회봉사활동 및 각종 캠페인에 참여하도록 했는데, 이러한 행사가 고객과 하나 되는 강력한 견인차 역할을 담당하고 있다.

이 밖에 이마트는 지역 특산물 판로를 통해 앞서 거론된 지역 밀착 마케팅을 전개하고 있는데, 이마트의 입장에서는 저가의 특색 있는 지역 상품을 선보임으로써 상품의 차별화를 도모하고, 지역 업체의 입장에서는 안정적인 판로를 얻을 수 있는 윈윈전략이다. 특히 이마트는 우수 중소기업체 초청 박람회를 1년에 2회에 걸쳐 개최하여 중소기업에게 입점의 기회를 제공함으로써 서로의 경쟁력을 높이고 있다. 이것이 곧 윤리경영과 연결되어 이마트의 또 다른 경쟁력으로 부각되고 있다.

지역 밀착 마케팅은 타깃 마케팅으로서, 정확한 고객분석이 선행되어야 한다. 여기서 점포의 역할은 아무리 강조해도 부족함이 없다. 본사에서는 알 수 없는 지역민의 디테일한 특성을 읽는 이 접근방식은 고객의 반응을 빠르게 직접적으로 수렴하여 정책에 반영할 수 있다는 점에서 매우 유용하다.

예를 들면 이마트는 지역주민의 성향에 따라 상품과 매장을 타 매장과 다르게 구성한다. 주류 매장을 그 지역의 주류 소비행태에 맞춘다거나 삼성전자 등 전자산업 종사자가 많은 지역에는 가전 매장을

유형별 지역 밀착 마케팅

● **지역 소싱 및 특산물전** : 직접적으로 지역경제 활성화에 기여하며 우수 중
소업체 상품 발굴 기회로 활용할 수 있다.

● **MD 차별화** : 지역민이 찾는 상품을 갖추어야 하고 그 지역의 시장을 잠식
할 수 있는 대표 상품군을 정확히 짚어내야 한다.

● **문화센터 및 편의시설** : 점포에 대한 충성도를 높이고 고정고객을 확보하는
전략으로 활용한다. ex) 옥상의 생태공원

● **지역의 공헌 활동** : 소외계층을 위한 봉사활동이나 기부, 환경운동이 여기
에 속한다.

● **지역 제휴 마케팅** : 앞서 언급한 롯데마트의 마일리지를 통한 할인이나 부
가서비스를 제휴업체와 공유하는 방식이다.

전북 익산시의 특산품을 판매하고 있는 지역 상품 특별전 풍경.

유독 화려하게 꾸미는 방법 등은 지역 특성에 맞는 인테리어와 MD 효과를 강점으로 부각시킨 것이다.

결론적으로 비록 할인점의 특성을 살려 점포를 표준화한다 하더라도 지역 특성에 맞게 상권을 분석하여 이를 바탕으로 상품과 레이아웃 그리고 부대시설을 차별화하고, 제안된 고객의 의견을 즉시 반영하는 유연성을 갖추는 것이다. 이것이 동네 가까이 그리고 동네 고객을 위해 변화하는 이마트라는 인식을 확고하게 심어주고 있다.

24시간 긴급조치, 더 이상 불편함은 없다

이마트 서비스의 핵심은 한마디로 '고객만족'으로 요약된다. 따라서 인터넷에 게시된 고객의 소리를 24시간 내에 지점장이 즉각적으로 답변하지 않으면 마케팅 부서에서 왜 답변을 하지 않았는지 해당 지점장에게 피드백할 정도로 고객의 소리에 각별히 신경을 쓴다.

점포의 책임자인 지점장은 출근해서 제일 먼저 해당 지점의 홈페이지에서 고객의 소리를 열람하고 답변하는 것으로 일과를 시작한다. 이 밖에도 원 포인트 서비스를 실시하여 고객이 요청하는 자리에서 직접 서비스를 제공하는 체계를 마련했을 뿐 아니라 각 점포의 특성을 살린 독특한 서비스를 제공하고 있다. 각 점포별로 고객만족 집단활동을 운영하면서 고객만족 경영 분위기를 조성한다.

이들은 또한 고객의 의견을 정확히 알기 위한 노력을 지속적으로 전개하고 있는데, 신뢰도 있는 외부 조사 기관을 통해 두 달에 한 번씩 매장 내의 친절도와 청결도를 끊임없이 모니터링하여 고객의 불편을 사전에 예방하거나 최소화하려고 노력한다. 더불어 연 1회 고객만족도 설문조사를 실시하여 품질과 가격, 서비스 등 이마트의 모든 부분에 대한 고객의 의견을 듣는 창구로 활용하고 있다.

그렇다면 유통업계는 고객의 소리VOC, Voice of Customer를 어떻게, 어떤 방법으로 관리할까?

고객의 불편을 최소화하기 위한 이마트의 고객만족센터.

이마트 서비스에서 언급한 소집단은 한마디로 '오피니언 리더'라 규정지을 수 있는데, 이들은 제조업체의 프로슈머와 같은 역할을 담당한다. 업체는 다양한 채널을 통해 이들의 의견을 직접 듣고 상품과 서비스 정책에 반영한다.

유통업체의 특징은 매장이라는 고객접점을 가지고 있어 제조업체처럼 계획적으로 자리나 제도를 만들지 않아도 고객의 의견을 들을 수 있는 창구를 운영할 수 있다는 점이다. 따라서 고객의 입장에서는 매장에 있는 직원들에게 말하는 것이 가장 손쉬울 것이며, 고객소리함에 비치된 엽서를 통해서도 개선점을 요구할 수 있다. 계산대 바로 앞에는 고객 서비스만 전담하는 고객센터가 있으며 이외에도 홈페

고객의 소리를 철저하게 듣고 시정하는 것이 이마트의 경쟁력이다.

이지나 설문조사 등 다양한 VOC 채널을 갖추고 있다.

고객의 소리를 접수하는 기업의 입장에서는 고객은 거짓말을 하지 않는다는 전제에서 출발한다. 따라서 세계적인 초일류 기업일수록 고객의 불평과 항의를 개선의 기회로, 충성고객을 창출하는 고객만족 경영의 기반으로 활용하고 있다. 최근엔 고객의 불만이나 항의를 기업의 생존과 연결하는 경향이 두드러진다. 최근 코카콜라는 자사 제품을 마시는 소비자 500명 가운데 한 명이 불만을 얘기하는 데 어려움이 있다는 조사결과가 나오자마자 수신자 부담 서비스를 실시했다.

고객의 소리를 통해 확보된 고객정보는 고객 유지retention와 고객 개발cultivation로 나뉘어 관리되는데, 전자는 무엇이 불만이고 어떻게 예방할지를 고려하여 고객 이탈의 원인을 파악하고 이탈 방지책을 마련하는 것이라면, 후자는 어떻게 고객 구매율을 높이고 잠재고객의 구매욕구를 파악할 것인가에 활용된다. 이를 위해서는 고객 간담회나 상품 품평회, 산지 견학 등 차별화된 고객 접점 기회를 갖는 것이 중요하다.

이마트에는 특별히 본사 차원에서 기획하는 고객 간담회는 없지만, 특별한 이슈가 생길 경우 지점별로 고객 설문조사를 실시한다고 한다. 이마트 가양점의 경우 리뉴얼Renewal●을 앞두고 '리서치21'이라는 여론 전문기관에 의뢰해 고객 의견을 수집하여 리뉴얼의 큰 골격을 세웠으며, 그 결과 경쟁업체의 지점 출현에도 불구하고 고객 유출을 막을 수 있었다. 또한 이들은 매월 지점별로 해당 지역의 오피니

●**리뉴얼** 활성화라고도 불린다. 리뉴얼은 크게 4단계로 나뉜다. ①주로 상품 변경, 개선으로, 큰 레이아웃 변경은 하지 않는 단계(상품 마사지), ②상품 변경의 폭은 적지만 레이아웃과 진열 방법 변경, 개선에 주안점을 두는 단계, ③상품과 레이아웃을 대폭 변경하는 단계, ④업태까지도 전환하는 단계로 특히 개조(리모델링)라 부른다.

언 리더들을 초청해 신선식품 품평회를 갖는다. 야채, 과일, 즉석조리 식품 가운데 특정 품목을 선택, 고객들에게 제조업체별로 선보이고 (주로 매출기여도가 높은 품목을 대상으로 함) 고객들의 선호도와 구매의 사를 측정한다.

이곳에는 점장과 신선식품 팀장이 참석하고 품평회가 끝난 뒤에는 전반적인 점포 운영에 대해 고객들의 의견을 청취하는데, 그들은 미국의 대형 슈퍼마켓인 스튜레오나드가 기업철학으로 삼은 "고객은 항상 옳다."의 자세로 경청한다고 한다.

특히 이마트는 타 업체와 달리 애프터서비스에 전력을 기울여 오늘의 명성을 얻고 있는데, 그 가운데 대표적인 것이 구매상품 중 불량상품이 있을 경우 보상해 주는 '품질 불량 상품 보상제'와 신선도에 문제가 발생하였을 경우 보상해 주는 '신선식품 리콜제', '100% 교환 환불제', '계산착오 보상제', '약속 불이행 보상제' 등이다. 이마트는 이러한 제도를 통해 업계에서는 보기 드문 고객만족 경영을 보여주고 있다.

06 미래고객을 공략하라

신세계 이마트는 전 점포에서 식습관 개선 무료 체험 프로 그램을 운영하여 연간 10만 명의 어린이들에게 무료 교육 혜택을 부여한다.

'식생활 캠페인'은 매주 주말에 각 점포별로 6~7살 정도의 유치 원생들을 대상으로 실시되는데, 어린이들이 직접 매장에서 색깔별 로 해당 상품을 사보고 샐러드도 직접 만들며 시식도 하게 한다. 특 히 빨강, 노랑, 초록, 보라, 하양 등 다섯 가지 색깔별로 야채와 과일 의 효용을 가르치는 미국식 식생활 개선 운동인 5A DAY 프로그램 이 적용되어 폭발적인 반응을 보였다.

원래 5A DAY는 1일 다섯 품목 이상의 야채와 과일을 먹자는 취지

색깔별 건강증진 효과와 해당 품목

색 깔	효 과	해당 품목
빨 강	에너지 증강	딸기, 사과, 토마토, 체리, 수박, 자두, 석류, 붉은 피망, 붉은고추, 적양배추
노 랑	콜레스테롤 감소	귤, 레몬, 라임, 오렌지, 파인애플, 감, 망고, 파파야, 살구, 호박, 노랑피망, 고구마, 달걀노른자
초 록	강심제 역할	청포도, 키위, 아보카도, 양배추, 브로콜리, 상추, 오이, 완두콩, 시금치, 아스파라거스, 양상추, 청피망
보 라	두뇌회전과 혈액순환	포도, 블루베리, 건포도, 복분자, 가지
하 양	면역력 향상	바나나, 배, 복숭아, 무, 양파, 마늘, 생강, 새송이버섯, 느타리버섯

로 1990년대부터 미국에서 시작된 운동이다. 아시아에서는 2000년도에 들어 일본의 문부성, 후생성, 농림수산성이 중심이 되어 본격적으로 전개되고 있는데, 성장하는 어린이들의 균형적인 발육을 위한 좋은 제도이다. 때마침 이마트도 이런 프로그램을 통해서 주민들에게 좋은 반응을 얻고 있다.

이 프로그램의 효과적인 실행을 위해서 이마트 실무진들은 대학 영양학과 교수 등 전문가의 조언을 구하고 있으며, 건강을 상징하는 다섯 가지 색상을 디자인한 교육용 책상과 교육물을 별도로 준비하고 있다. 이 밖에 현장학습 시간을 마련하여 준비된 일정에 따라 전 매장을 돌아보게 하고 음료수나 선물도 제공한다.

한편 0~7세의 자녀를 둔 고객을 대상으로 유·아동 전용 클럽인

'맘키즈클럽'을 운영하고 있다. 이 클럽은 회원들에게 각종 육아 정보는 물론 할인쿠폰과 이벤트 행사에 무료로 참여할 수 있는 기회를 제공한다.

그럼 왜 이마트는 유·아동 강좌 수를 늘리고 유아용품 원스톱 쇼핑 공간인 '키즈파크'를 확대 운영하고 있는 걸까? 그것은 이마트가 고객을 단순히 판매 대상으로 보지 않고 지속적인 관계를 구축해야 하는 존재로 인식하고 있다는 증거이다.

얼마 전까지 어린이들은 직접 상품을 구매하기보다는 부모와 함께 구매하는 소극적인 구매층으로 인식하여 유통업자들의 관심을 끌지 못했다. 그러나 출산율이 점점 떨어지면서 아이들에 대한 대우

유아용품을 원스톱으로 구매할 수 있는 키즈파크

가 달라졌다. 과거와 달리 신세대 부모들은 자녀를 위해 아낌없이 투자하는 경향이 있다. 이에 따라 어린이들의 직접적인 소비력도 향상되고 가정에서의 구매력도 높아지고 있다.

키즈파크의 유아휴게실

최근 한 조사에 의하면 어린이를 포함한 십대 소비시장이 전체 인구의 약 20%를 차지하고 있다고 한다. 이는 전체 시장의 56%를 차지하는 성인 시장의 약 3분의 1에 해당하는 규모이며, 지출하는 금액에도 월평균 1만 2000원으로, 월평균 2만~2만 2000원을 지출하는 20~40대 소비 금액의 50% 이상에 이른다고 한다. 특히 학용품, 의류, 신발, 장난감, 식음료 상품은 초등학교 학생들이 직접 선택하는 비중이 52~60%에 이르는데, 이들은 놀랍게도 성인처럼 비교구매를 하며 54% 이상이 같은 상표를 반복 구매하고 있다는 사실이 밝혀졌다. 이처럼 어린이 소비자들kids customer은 성인 마케터들이 무시할 수 없는 나름대로의 구매 동기와 합리성을 가지고 상품을 구매한다.

과연 미래의 소비자이면서 영향력 있는 시장으로 부상되는 어린이 시장의 특성은 무엇일까?

첫째, 어린이 시장은 1차 시장primary market이라 할 수 있다. 어린이 소비자들은 자신의 필요와 욕구, 돈, 그리고 자신의 욕구를 충족시키는 데 돈을 지출할 수 있는 권한과 의도를 가지고 있다는 점에서 그 자체가 하나의 본원적 시장을 형성한다. 미국의 경우 어린이들의 용돈이 연간 80억 달러가 넘는다고 한다. 그 가운데 60억 달러 정도를 장난감, 과자류, 의류 상품을 구입하는 데 지출하고 나머지 약 20억 달러는 저축을 한다. 20억 달러라는 금액은 곧 어린이를 겨냥한 금융산업의 1차 시장이 된다.

둘째, 어린이 시장은 영향력 있는 시장influence market이다. 어린이들이 미국 가족의 구매에 직·간접으로 영향을 미치는 금액은 연간 1300억 달러 이상에 달한다고 한다. 여기서 가족 구매에 대한 직접적인 영향이란 외식 장소를 추천하거나 특정 브랜드 선정 등을 말한다. 이를테면 가족이 쇼핑할 때 어린이들이 상품과 서비스의 구매를 요청하는 것을 의미한다. 그리고 간접적인 영향은 부모들이 물건을 구매할 때 자녀들의 특수한 취향을 고려해서 구입하는 경우를 의미한다.

마지막으로 어린이 시장은 미래시장이다. 펩시콜라가 과거 수십 년간 코카콜라의 그늘에서 제2인자로 설움을 겪다 탈출할 수 있었던 것은 펩시콜라만의 '차세대를 향한 선택The Choice of Next Generation' 전략 덕분이었다. 이들은 확고한 브랜드 포지셔닝을 선택하였고 이때 성장한 1970~1980년대 청소년이 1990년대 후반에는 주요 소비자로 자리매김하게 되었다. 결국 2005년 매출에서 펩시콜라는 코카의 아성을 넘을 정도가 되었으며, 2004년 코카콜라 60%와 펩시콜라 39%의 시장점유율에서, 2005년에는 코카콜라 55%와 펩시콜라 45%로 10% 좁혀졌다. 그만큼 펩시콜라의 추격은 무서웠다. 펩시콜라가 이처럼 위력적인 브랜드가 될 수 있었던 것은 어린이 시장의 무한한 잠재력을 발견하고 그 시장을 위해서 장기적인 마케팅을 단행해 왔기 때문이다.

많은 외국 기업들은 어린이들이 커서 본격적인 소비자가 되면 어린 시절의 구매습관이나 태도가 자사 고객으로 전환되는 데 중요한 계기가 될 것이라 판단하고, 10년 혹은 20년 후를 위해서 상당한 투자를 아끼지 않고 있다.

그렇다면 어린이 대상의 마케팅은 어떤 방법으로 진행해야 할까? 어린이 소비자들을 대상으로 하는 PR활동은 지나치게 상업적이라는 비판을 받기 쉬우므로 기업의 마케팅 커뮤니케이션이 매우 신중해야 한다. 현

어린이 고객을 위한 다채로운 이벤트를 알리는 이벤트 행사 POP.

장 견학이나 오락 이벤트 등의 마케팅과 아동 클럽Kids Club 등이 효과적이다. 이벤트 마케팅의 효율적인 장소로 평가되는 슈퍼마켓이나 백화점 그리고 할인점 같은 장소는 어린이들에게 소비자 교육 프로그램 장소로 적합하다. 방문하는 어린이나 부모에게 쿠폰이나 견본품을 전달하면 소매점의 미래고객들에게 좋은 이미지를 구축할 수 있는 기회가 된다.

특히 아동 클럽은 어린이를 겨냥한 하나의 커뮤니케이션 경로로서, 마케팅 시장조사를 수행하는 메커니즘 역할을 담당한다. 일반적으로 아동 클럽은 기업들의 소비자 교육에 많이 활용되며, 심지어 어린이들이 사회적·환경적 문제를 이해하는 데 도움을 줄 목적으로 활용하기도 한다.

앞서 언급한 대로 관계지향적 마케팅relationship oriented marketing의 시대에 아동 클럽은 어린이들과의 지속적인 관계를 유지하는 데 중요한 매개체가 될 것이다. 아동 클럽에 어린이들의 회원가입을 유도할 때 그 과정에서 어린이들은 클럽 측에 자신들의 이름과 주소를 포함한 여러 정보를 제공하는데, 이것은 나아가 관계 마케팅의 기반인 고객 데이터베이스의 일부를 구성하게 된다. 따라서 아동 클럽은 관계의 지속성과 개인적인 소구appeal라는 두 마리 토끼를 모두 잡는 계기가 되며, 이 효과는 그 어떤 판촉이나 광고, 홍보 매체도 대신할 수 없는 위력을 발휘한다.

아동 클럽은 어린이에게 친화감과 소속감을 제공한다. 아이들은 클럽 티셔츠나 모자, 우편물 등을 통해 자신의 소속감과 지위상승을 느낀다. 아울러 콘테스트, 재미있는 읽을거리, 게임, 무료 놀이용품 등은 어린이의 놀이욕구를 충족시키고 자선단체 등은 여러 형태의 친교욕구를 충족시킬 수 있다.

이러한 점 때문에 할인점에도 베이비클럽(삼성 홈플러스)이나 맘키즈클럽(이마트) 등이 개설되어 고객충성도나 매출에 상당한 기여를 하고 있다. 2003년 10조 원에서 매년 약 20%씩 성장하여 올해 18조 원으로 전망되는 키즈 산업, 아이들을 고객으로 보는 현실적인 마케팅 시각과 여러 배려가 이마트에 의해 시도되고 있다.

07 보상과 교환, 고객이 원하는 만큼

고객 보상 프로그램을 활용하면서 고민이 되는 것 중의 하나는 어떠한 제품 혹은 서비스를 제공해야 효과적인가 하는 것이다. 과연 어떠한 보상물을 언제 제공해야 하며, 어떻게 해야 제공한 보상물이 최대의 효과를 나타낼 수 있을까?

이마트에는 고객이 구입한 상품 가운데 품질에 만족하지 못할 때 구입한 영수증을 제시하면 날짜에 상관없이 현금으로 환불하거나 신상품으로 교환해 주는 '품질 불량 상품 보상제'가 있다. 또한 계산 실수나 가격 고시 오류로 손실을 입은 경우 상품권으로 보상하는 '계산착오 보상제'가 있다. 한편 1997년에 할인업계에서 제일 먼저 도입하여 가격파괴 경쟁에 불을 지폈던, 상권 내 타 할인점보다 비쌀 경우 상품권으로 보상하는 '최저가격 보상제도' 역시 이마트의 철저한 고객 서비스로 평가받았다.

그러나 이마트는 이 제도를 다른 할인점보다 가장 먼저, 2007년 8월부터 폐지했다. 실질적인 가격경쟁의 폐해를 줄이고자 '최저가 보상제도'를 폐지하기로 한 것이다. 물론 이마트의 근본 모토인 'Everyday Low Price' 정책은 지속적으로 유지해 나갈 방침인 것으로 알려져 있다. 이마트는 결코 소비자 우선 정책을 포기하지는 않을 것이라고 한다.

이러한 보상제도는 1년 내내 가장 낮은 가격에 좋은 성능의 품질이 뛰어난 제품만을 고객에게 공급하겠다는 이마트의 의지로 보인다. 이는 고객의 권리는 최대한 보장해야 한다는 '이마트 선언'에 보다 잘 나타나 있다.

'이마트 선언'은 네 가지 요소로 구성되어 있다. 첫째, 점포의 표준화, 시설의 단순화, 운영의 전문화로 투자비 및 관리운영비를 절감하고 상품을 보다 싼 가격으로 판매한다. 둘째, 광고비와 인건비를 줄이고 배달을 하지 않음으로 인한 비용 절감만큼 싼 가격으로 상품

계산착오 유형과 보상 기준

계산착오 유형	보상 기준
매장가격 고지 오류(쇼카드, 가격택)	금액에 상관없이 상품권 5000원 보상
캐시어 오류, 1차 라벨 오류	영수증 재정산 후 상품권 5000원 보상

을 판매한다. 셋째, 대량구매로 고객에게 싼 가격을 제공한다. 넷째, 고객의 소리를 반영하여 묶음판매로 보다 싸게 물건을 공급한다.

여기에는 단순한 보상에 그치지 않고 고객의 불편사항이나 문의 사항을 접수한 직원이 그 소속에 관계없이 고객의 불편사항에 대해 끝까지 책임지고 처리하는 '원 포인트 서비스 제도'와, 지점장의 사진과 휴대폰 번호를 공지하여 고객이 가장 많이 오가는 곳에 직통전화를 설치하는 '신문고 제도', 매장에 황금색 종을 설치하여 고객이 종을 울리면 직원이 즉시 달려와 고객의 편의를 도모하는 'E-Bell 서비스 제도' 등 적극적인 고객 서비스 제도가 바탕이 되고 있다.

따라서 내 업무가 아니다, 잘 모르겠다, 저쪽 가서 알아보라는 등의 무성의하고 불친절한 고객 서비스는 적어도 이마트 매장에서는 축출하겠다는 것이 그들의 의지이다.

이렇듯 보상과 교환에는 고객만족이나 고객감동이 전제된 패러다임의 전환이 무엇보다 중요하다. 고객 서비스는 이벤트 중심의 일회성과 구호 중심의 단발성으로 끝나서는 결코 안 된다. 월마트의 창업자 샘 월튼이 "우리에겐 오직 한 명의 상사만이 존재한다. 그 이름은 고객이다."라고 일갈했듯, 고객지향과 고객중심의 서비스 사고가 실질적인 보상이나 교환으로 나타나야 한다.

사실 품질에 만족하지 못하거나 착오나 오류로 인해 고객이 불편함을 느꼈다면 이는 해당 기업의 입장에서 위기일 수 있다. 그러나 바로 이때 고객의 소리를 무시하거나 외면하지 않고 적극적으로 대처한다면 오히려 고객의 불만을 만족의 기회로 전환할 전기를 마련할 수 있다.

'진정한 보상'으로 고객의 마음을 돌릴 수 있는 방법

● 고객의 항의를 끝까지 경청한다. 선입견 없이 고객의 입장에서 문제를 해결한다.

↓

● 고객 항의에 공감한다는 것을 적극적으로 표현하고 시간을 내서 해결의 기회를 준 것에 대해 감사를 표시한다.

↓

● 고객의 의견을 경청한 후 문제점을 인정하고 잘못된 부분을 사과한다.

↓

● 불만 사항에 대한 관심과 공감을 보이며 고객이 납득할 만한 해결방안을 제시·약속한다.

↓

● 문제해결을 위해 꼭 필요한 질문을 하여 해결의 정보를 얻는다. 최선의 해결책이 불가능할 경우 고객에게 어떻게 하면 만족할지를 솔직히 물어본다.

↓

● 잘못된 부분에 대해 일의 우선순위를 정하고 신속하게 정정한다.

↓

● 불만처리 후 고객에게 처리 결과를 알려주고 만족 여부를 물어본다.

↓

● 고객 불만 사례를 회사 및 전 직원에게 알려 같은 문제가 재발되지 않도록 한다.

김용문 신세계 이마트 가양점장

열정적이고 저돌적인 근무 철학이
이마트 자양점의 저력입니다

고객을 가족처럼 여기고 지역구의 일이라면 두 팔 걷고 나선다는 김용문 가양점장은 주변 경쟁사보다 다소 열악한 환경임에도 불구하고 전폭적으로 고객에게 사랑을 받는 것은 일상처럼 되어버린 봉사활동과 이와 관련된 이벤트라고 자신 있게 말한다. 아울러 열정적이고 저돌적인 근무 철학이 이마트 자양점의 저력이라고 밝혔다.

고객의 일거수일투족이 저희의 관심거리지요

제가 이마트에 입사한 게 1997년이었습니다. 그때 이마트는 열 개 지점밖에 없었습니다. 아직 창고형 마트였기에 지게차로 물건을 들어 올리고 내렸지요. 회사에서는 이제 할인점이 장사가 되겠구나 생각했던지 그때부터 하나둘 지점이 늘기 시작했습니다. 일산, 안산, 부평 등에 개점하기 시작했죠. 그러나 여전히 매입은 쉽지 않았습니다. 당시 영업팀장이었는데 그때까지만 하더라도 매입의 주도권은 유통업체가 아닌 제조업체가 쥐고 있었습니다. 백 개를 주문하면 열 개 정도 들어올 정도였으니까요. 당시에는 여전히 킴스클럽이 주도해 나갈 때인지라 영업력을 따라가기가 쉽지는 않았습니다.

점차 시스템에 대한 회사의 관심이 커졌고, 현장 직원들도 그런 분위기를 맞춰나갔습니다. 정교함보다 관리자의 경험에 의존했던 부분도 개선하고 보완하면서 판매 데이터, 주문 데이터에 따라 발주를 하기 시작했습니다. 왜냐하면 그 시스템은 관리를 위한 것이 아니라 영업을 위한 것이었으니까요. 다시 말해 고객의 일거수일투족을 파악하지 않으면 그런 시스템을 만들 수가 없었던 겁니다. 고객의 문의나 불만사항은 15시간, 그리고 24시간 단계별로 정리하고 답변 및 해결 유무가 상부로 전달되도록 했습니다. 위에서는 즉각 피드백을 하도록 독려했죠. 그런데 이에 대해 고객들이 즉각적으로 긍정적인 반응을 해왔습니다. 점차 신뢰관계도 쌓여갔습니다. 지금도 저는 출근하면 바로 고객의 소리를 확인합니다.

아이디어는 즉각적으로 보고하고 개선을 요구합니다

초창기에는 매장 레이아웃Layout● 구성 시 표준화에 치중했습니다. 하지만 지금은 표준화의 토대 위에 지역 특색에 따라 레이아웃을 재구성합니다. 고객의 반응이 오면 판매본부, 매입부에 전달합니다. 그리고 분석해서 합당하다고 판단되면 발 빠르게 레이아웃을 변경합니다. 스피드가 중요하죠. 발 빠르게 변화해야 효율적으로 성장합니다. 우리는 본사에 요청을 자주 하는 편입니다. 이런 브랜드가 반응이 좋다, 우리는 이렇게 고쳐달라……. 그렇게 아이디어를 즉각적으로 보고하고 개선을 요구합니다. 왜냐하면 그게 고객들이 원하는 것이니까요. 지역주민들이 우리의 바잉파워가 된 것이죠.

지금은 이마트에 입점하려는 업체들의 경쟁이 치열합니다. 그게 다 고객들 덕택입니다. 그리고 우리는 고객에 대한 직원 서비스에 최선을 다합니다. 저는 직원들에게 열정을 갖고 저돌적으로 일하라고 독려합니다. 최근 들어 가양점 부근에 경쟁업체들이 우후죽순으로 생겨났습니다. 그러나 그들이 이마트를 따라올 수 없는 것은 직원들의 서비스가 차이가 나기 때문입니다. 특히 우리 가양점은 조직력과 지역 친화 마케팅이 독보적입니다. 성당, 학교, 새마을부녀회, 심지어 소방서와도

●**레이아웃** 배치. 점포 레이아웃은 매장, 설비, 통로 등의 배치를 말한다.

친밀하게 지냅니다. 우스갯소리지만 성당의 신부님이 이렇게 말한다고 합니다.

"여러분, 미사가 끝나면 쇼핑은 이마트에서 하세요."

08 부담 갖지 말고 드세요

지금은 홈에버나 다른 대형 할인점에서 흔히 볼 수 있는 '시식 코너'는 초기 이마트의 경쟁력 요소로, 주부들에게 효과적인 판촉 전략이었다.

고객의 입장에서는 무료로 시식해서 좋고, 판매사원은 효과적인 판촉을 할 수 있어 좋은, 서로 윈윈할 수 있는 전략이다. 실제로 시음이나 시식 행사를 진행했을 때 매대 진열 판매와 30% 이상의 매출 차이가 난다고 한다. 신상품, 파워 아이템, 시즌 품목 등과 같이 행사 상품을 중심으로 고객이 직접 맛을 보게 하는 시식 마케팅은 이제는 모든 할인점의 기본 판촉 수단이 되었다. 고객은 쇼핑의 즐거움뿐 아니라 먹는 즐거움도 함께 느끼면서 마트에 대한 신뢰도를 쌓아간다.

이는 마케팅 측면에서 보면 체험 마케팅의 일환이라 설명된다. 체험 마케팅은 일반적으로 다섯 가지 유형으로 나뉜다. 감각 마케팅, 감성 마케팅, 지성 마케팅, 행동 마케팅 그리고 관계 마케팅이 그것이다. 이 가운데 고객들이 브랜드를 접할 때 오감을 자극해 독특한 차별성을 꾀하는 여러 방법을 감각 마케팅이라 하는데, 시식 마케팅은 바로 이 범주에 속한다고 볼 수 있다.

고객은 감성적으로 구매를 결정하는데 그 바탕이 감각 마케팅이다. 감각 마케팅을 알아보기 전에 감성에 대한 정의를 먼저 살펴보자. 감성은 어떤 대상에 대한 좋거나 나쁜 감정을 말한다. 이러한 감

체험 마케팅의 하나로 고객들이 직접 음식을 시식할 수 있다.

성은 제품에 의미를 부여하고 제품 사용에 대한 만족도를 증대시키는 데 큰 도움을 준다. 더불어 브랜드에 대한 감성적 경험을 구체적으로 살펴보면 시각적 요소(색, 모양, 색채 등의 시각 마케팅/컬러 마케팅), 청각적 요소(음량, 음의 고저, 음의 강약 등의 청각 마케팅/음악 마케팅), 촉각적 요소(재료, 질감 등의 촉각 마케팅), 미각과 후각적 요소(미각 마케팅/후각 마케팅/향기 마케팅) 등이 있다. 1992년 전후 일본에서 처음 사용된 이 감성 마케팅은 현재 거의 모든 마케팅 분야에서 이용되고 있다. 감성 마케팅과 체험 마케팅, 그리고 펀fun 마케팅을 하이터치 마케팅으로 분류하기도 한다.

다시 원론으로 돌아와 감성 마케팅의 하부 영역은 시각, 청각 등

게임기 매장에서 체험 마케팅을 경험하는 고객들.

인간의 오감을 자극하여 마케팅 효과를 높이는 감각 마케팅 외에도 영화, 공연, 게임 등의 콘텐츠를 통해 브랜드에 보다 자연스럽고 우호적인 이미지로 접근하게 하는 문화 마케팅, 독특한 경험과 재미 그리고 감동을 주어 친근한 이미지를 형성하고 브랜드를 차별화하는 감동 마케팅 등이 있다. 여기서 우리는 소비자들이 물건, 서비스, 기술혁신 등 이성적이고 합리적 기준만으로 상품을 선택하는 것이 아니라 감성을 자극하는 주변적인 요인을 통해서도 상품을 선택한다는 것을 알 수 있다.

이러한 감성 마케팅의 재미난 예로 벌레와 해충을 박멸하는 업체 ㈜세스코를 들 수 있다. 엉뚱한 고객의 질문에 대한 기발한 대답이 홈페이지에 실리자 '세스코 팬클럽'이 생겨날 정도로 고객들은 재미있게 느꼈다. 또한 자칫 벌레를 잡는 회사라는 지저분한 이미지를 불러올 수 있었으나 브랜드 이미지를 유머러스하게 완화하여 고객들이 친근하게 느끼도록 유도했다. 이 질문과 대답은 유명한 한 코미디언의 대사를 패러디한 것이다.

Q 100년 묵은 바퀴의 출현에 모두 떨고 있습니다.

A 저희 세스코에서는 100년 묵은 바퀴는 바퀴 축에도 못 듭니다. 한 500년 정도 되어야 이제 겨우 햇빛을 보았구나 하고 생각합니다. 세스코는 3억 5000만 년 된 바퀴벌레를 키우고 있습니다. 바퀴벌레는 진화 과정을 거치지 않고 3억 5000만

년 전 모습 그대로입니다.

또 다른 감각 마케팅의 예로 대형 할인점의 신선식품 코너별로 생산지나 식품의 느낌을 연상케 하는 음향효과를 주는 것을 들 수 있다. 즉 생선 매장에서는 갈매기와 파도소리를, 과일 매장에서는 매미소리를 틀어 제품의 신선함을 느끼게 한다거나 고객회전율을 고려한 빠른 템포의 음악을 트는 것 등이 그것이다. 그렇다면 어떻게 해야 감각 마케팅을 성공적으로 이끌 수 있을까?

공감과 감동을 만드는 성공적인 감각 마케팅 10대 원칙

1원칙. 단순해야 한다

고객이 편안하게 받아들일 수 있는 감각의 실마리를 제공한다. 먼저 '단순해야 한다'는 말은 고객이 쉽게 받아들일 수 있는 실마리를 제공하라는 이야기이다. 예를 들어 하인즈 케첩 병은 글자나 상징적인 의미에서 편안한 식품이라는 느낌을 준다. 오늘날과 같은 복잡하고 다양한 시대에 하인즈 케첩 병은 정보처리 과정을 단순하게 하여 그 병에 대한 의문이나 분석 또는 해석의 필요성을 느끼게 하지 않는다. 그 병만 보면 어린 시절이 생각나고 기분이 좋아진다. 이마트도 노란색과 검정색의 브랜드 마크를 사용하여 할인점은 창고형이라는 선입관을 극복하고 있다.

2원칙. 고객이 피부로 느껴야 관계도 만들어진다

기업의 제안이 고객으로 하여금 피부로 느낄 수 있도록 파격적이어야 고객의 감성이 움직인다. 신세계가 과거 미국의 프라이스클럽(회원제 창고형 할인점: 코스트코홀)과 업무제휴를 통해 센세이션을 불러 일으켰던 내용 가운데 하나가 바로 교환·환불제도였다. 이는 오늘날 이마트의 100% 교환·환불제도의 근원이 되었다. 이런 제도가 할인점의 충성도를 높이고 고객과의 관계를 굳히는 계기가 된다.

3원칙. 언제나 희망을 팔아라

모든 사람들에게는 자기 자신에 대해 좋게 생각하려는 경향이 있다. 이를 자신감이라고 부르는데, 이 자신감은 종종 부풀려지기도 하지만 사람의 기분을 좋게 해주기 때문에 삶의 활력을 제공한다. 따라서 기업이 명심할 사항은 이 물건을 통해서 생활의 활력소가 된다는 희망을 불러 일으켜야 한다는 것이다.

4원칙. 신뢰를 잃지 말라

물건을 파는 것도 좋지만 동시에 이 물건이 정말 믿을 수 있다는 안도감을 고객들에게 심어주어야 한다. 지킬 능력도 없는 약속을 남발하는 회사에게 소비자는 가차 없는 응징을 가한다. 그래서 신뢰는 얻기는 어려운 반면 잃는 것은 한순간이라고 한다. 신뢰는 기업의 성공을 결정짓는 변수이다. 왜냐하면 고객은 항상 자신이 가는 마트의 물건을 믿을 수 있다는 확신에서 구매하기 때문이다.

5원칙. 뇌리에 남겨라

시각적 이미지와 그 외의 네 가지 감각을 활용하여 감성의 결정적인 부분을 강타한다. 이는 고객의 뇌리에 터를 잡는 행위이다. 이마트에는 오전에 빠른 템포의 음악을, 바쁠 때는 숨고르기 음악을 적절히 방송함으로써 쇼핑의 편안함과 즐거움을 고객의 뇌리에 깊숙이 각인시킨다고 한다.

6원칙. 항상 친근감을 유지하라

친밀감은 곧 편안함을 낳으며 사람들은 누구나 편안해지길 원한다. 따라서 아직 친숙하지 못한 상황이라면 새롭거나 생소한 것을 팔지 않는 것이 가장 손쉬운 시장 공략법이다.

7원칙. 감각 대역폭을 넓혀라

지각 과정에 영향을 미치는 세 가지 요소는 지각 주체, 환경, 지각 대상이다. 소비자와 특별한 관계를 형성해 나가길 희망하는 회사라면 위의 세 가지 요소에 상당한 주의를 기울여야 한다. 지각 주체인 고객의 마음속에는 어제, 오늘, 내일의 세 가지 시간대가 존재하는데 환경의 혼잡도에 따라 실마리의 유효성이 결정된다. 더불어 지각 대상에는 훌륭한 디자인이 포함된다.

8원칙. 항상 얼굴표정을 주시하라

얼굴에는 모든 감각기관이 모여 있다. 얼굴은 온갖 감정들로 차 있어서 다른 사람을 파악하려고 노력하는 사람들에게 중요한 정보를 제공한다.

9원칙. 가격을 앞세우지 말라

소비자 의사결정은 감각적 인상 ➡ 감성적 평가 ➡ 이성적 확증 단계를 거친다. 가격은 소비자 개개인의 감성과는 무관한데, 유의할 것은 마케팅 초반부터 가격을 앞세우면 감각적 인상에서 감성적 평가로 넘어가는 데 장애가 발생한다는 점이다.

10원칙. 성性에 따른 차이에 민감해져라

과학적 연구조사에 의하면 평균적으로 남성은 자극적이고 호소력이 짙은 것에 있어서는 긍정적인 자극에 반응하고, 자극적이지 않은 것에 대해서는 부정적인 자극에 반응한다고 한다. 반면 여성은 남성과 달리 긍정적인 자극을 훨씬 좋아하지만 완전히 사로잡히지 않으며 부정적인 자극에는 전반적으로 부정적 반응을 보인다. 예를 들어 남성이 도전적이고 모험적이라고 생각하는 광고를 여성들은 탐탁지 않게 생각할 수 있다.

감각 마케팅은 인간의 감성에 호소하는 것으로, 그 의미 전달이 단순·명확하고 강렬할수록 반응이 확실하다. 따라서 이런 마케팅을 통해 고객의 체험이나 느낌에 한 걸음이라도 더 가까이 다가갈 전략을 세우도록 노력해야 한다.

결론적으로 알아두어야 할 것은 감각 마케팅 중 미각이나 촉각의 반응은 지속적으로 남아 구매 행동에 영향을 미친다는 것이다. 이렇게 형성한 제품 이미지는 고정 고객을 형성하고 지속적인 구매욕구를 자극하는 동기가 된다. 따라서 이마트의 시식 체험은 고객으로 하여금 오랫동안 브랜드와 더불어 그 경험을 유지하고 상기시켜 준다는 측면에서 매우 효율적인 감각 마케팅이라고 할 수 있다.

09

이벤트에도 강하다

이마트 매장에는 TV 버라이어티 프로그램인 〈비타민〉과
함께하는 이벤트를 볼 수 있다.

　"한국인들이 가장 병원에 많이 가는 질병, 밥상으로 예방할 수 있
다."라는 '위대한 밥상' 프로그램이 이마트 매장 내에 그대로 실현되
고 있어 고객의 눈길을 끈다. '비타민 건강 10계명'과 '비타민 10대
밥상', '비타민 성장 일기', '건강한 사람들의 일곱 가지 습관' 등의
POP와 판촉물 그리고 이를 그대로 상품에 적용한 코너가 이벤트의
새로운 묘미를 던져주고 있다.

　이런 이벤트는 거의 매월 실시되는데, 고객들에게 이마트를 찾는
또 다른 기쁨을 안겨준다. 2006년 실시된 이벤트를 분석해 보면 거

의 매주 매장에서 이벤트가 열렸음을 알 수 있다. 그리고 그 내용은 소비자들의 충성도를 높이기에 적합한 창의적인 내용으로 가득 차 있다.

● **1월** 국가고객만족도 1위 기념 이벤트를 시작으로 설날에 적합한 행사들이 이어졌다. 특히 주부의 편의를 위한 주방가전이나 건강용품을 판매하기 위한 '설맞이 인기 가전 초특가 기획전'이 진행되었다.

● **2월** '제조업체 새해 신제품 특가 판매전'을 열었으며, 또한 수익금의 일부가 소아암 어린이 돕기로 사용된 '소아암 어린이 돕기 특별전'이 열렸다. '아름다운 1% 나누기' 등의 자선행사는 물론 '해피 밸런타인데이'라는 이슈성 이벤트를 통해 연인 사진 콘테스트를 열어 고객 백 쌍에게 한강 유람선 데이트를 제공하는 기프트 마케팅gift marketing을 진행했다.

● **3월** 사회공헌을 위한 여러 이벤트가 제조업체와의 협력으로 이루어졌다. '건강한 사랑 1% 나누기', '아름다운 세상 만들기', '푸른 학교 숲 만들기'가 그것으로, 수익금 일부를 사회에 환원하는 새로운 이벤트의 가능성을 보여주었다. 또한 '내 몸 사랑 기능성 요구르트 대축제'는 고객의 건강을 증진할 의도로 진행한 기획 이벤트였다.

● **4월** '신세계 포인트카드 회원 200만 돌파 기념 더블 보너스 대축제'가 열려 신선식품과 해외상품 특별 모음전이 있었다.

● **5월** '대한민국 축구 4강 기원 대축제'와 '초여름 초특가'가 열렸다. 전자로는

'대한민국 맞수 브랜드 청백전'과 '이마트 와인 페스티벌'이 눈에 띄었고 후자로는 '아시아 상품 페스티벌'과 '세계 맥주 페스티벌'이 있었다.

● **6월** 상반기 결산과 관련된 행사가 연이어 개최되었는데, '초여름 신선식품 3대 테마 기획전'에서 '우雨 페스티벌'까지 무려 열일곱 개의 이벤트가 진행되었다.

● **7월** 여름휴가를 겨냥한 여러 행사가 다양하고 풍성하게 열렸는데, '비타민 4색 웰빙 먹거리' 이벤트는 방송 프로그램과 연계하여 고객의 호응이 높았던 것으로 평가된다.

여름휴가를 겨냥한 수박 먹기 이벤트 풍경.

● **8월** 신선신품과 관련한 이벤트와 신세계 포인트카드 500만 돌파기념으로 기획된 '빅 메이커 감사대전'이 여름 이벤트로 선보였다.

● **9월** '신선식품 박람회', '#902 론칭 기념행사'와 '가을 상품 기획전'과 '추석대잔치'가 열렸다.

● **10월** 주부들을 대상으로 한 여러 이벤트가 다양한 콘셉트를 가지고 선보였다. 등산, 와인, 스킨케어, 브랜드 라이벌전이 열렸고 '100호점 탄생제'도 아울러 개최되었다.

● **11월** 이마트 개점 13주년을 기념하여 전 협력사가 참여하는 행사가 진행되었으며 2006년을 총결산하는 '1등 브랜드 올스타 청백전'이 열렸다.

● **12월** 크리스마스 시즌에 알맞은 행사가 이어졌으며 2006년을 결산하는 빅 이벤트가 열렸다.

대체적으로 신세계 이마트를 찾는 고객에 대한 이벤트 호응도는 높은 것으로 평가되고, 이에 대한 연구와 개발은 넘버 원 브랜드답게 앞서가고 있다. 할인점의 이벤트 행사는 다른 분야의 이벤트와는 달리 고객과의 접점인 현장에서 이루어진다는 점에서 크게 화려하거나 아이디어가 탁월하지 않아도 고객의 호응을 쉽게 얻을 수 있다는 장점이 있다. 그런 점에서 이마트는 현장에서의 재미fun를 더한 이벤트로 그 효과를 톡톡히 얻어내고 있다.

앞서 분석한 공식적인 이벤트 외에 각 지점 내에서 개발된 이벤트 역시 '재미'에 초점을 맞추고 있는데, 예를 들면 라면 쌓기, 훌라후프 돌리기, 다트 대회, 사과 길게 깎기, 노래자랑 대회, 수박씨 멀리 보내기, 얼음 위에 오래 서 있기, 블록 조립 대회, 케이크 만들기, 초밥 맛있게 만들기, 미꾸라지 빨리 잡기, 어린이 수영복 로드쇼 등이 그것이다.

이런 이벤트는 명확한 타깃을 설정하고 새로운 회원을 확보하든지, 고객과 브랜드 이미지 개선에 그 콘셉트와 방향이 맞춰 실행되어야 하는데 일종의 TPOTime-Place-Occasion 전략과 일치되어야 한다. 시간, 장소 그리고 상황을 통해 고객의 필요needs가 드러난 경우 민첩하게 대응하여 고객의 니즈를 충족시킴으로써 고객 스스로 인적 네트워크를 통해 자발적으로 홍보할 수 있도록 유도한다. 이것이 바로 한국형 입소문 마케팅이다.

고객의 네 가지 성향

● **신자 그룹** : 만족도와 충성심이 높아 다른 고객에게 적극적으로 홍보하는 고객층

● **테러리스트 그룹** : 다른 고객에게 지속적으로 나쁜 영향을 미치는 고객층

● **인질 그룹** : 조금만 더 나은 대안이 있으면 불만을 표출하며 바로 다른 기업으로 옮기는 고객층

● **용병 그룹** : 가격과 같은 몇 가지 요소에 민감하게 반응하는 고객층

더불어 고객과의 접점에서 이루어지는 이벤트는 자발적인 충성도를 쉽게 이끌어내고 고객의 불만을 미리 알아낼 수 있다. 뿐만 아니라 고객과의 관계 형성의 출발점이며 경쟁사와의 차별적 분기점이라는 것을 숙지하여 심층적인 분석과 정교한 기획으로 뒷받침되어야 한다.

결론적으로 이마트의 이벤트는 다양한 컨텐츠와 명확한 타깃, 그리고 홍보적인 요소를 통해 고객 충성도를 높이고 불만에 대처하는 전방위 마케팅 홍보 전략으로서의 역할을 톡톡히 해내고 있다.

고객의 기대 수준을 뛰어넘다

미국 최대 할인점 K마트의 몰락은 고객 서비스에 대한 오만에서 비롯되었다. K마트의 오만은 성의 없는 고객 서비스, 불성실한 최저가격 보상 정책, 이름뿐인 고객 중심 정책으로 설명된다.

K마트는 한마디로 "질 좋은 제품을 가장 저렴한 가격에 제공하고 있다."라는 광고 메시지를 전달하면서도 특별한 할인제도를 폐지하는 모순적인 모습을 보여주었다. 오만한 경영진은 이 할인제도 때문에 K마트 이미지가 싸구려 물건을 파는 구멍가게 정도로 전락할 수 있다고 생각했던 것이다. 게다가 직원의 서비스 질도 엉망이었다.

1994년 2323개에 달하던 K마트가 2002년 창립 40주년을 맞아 법

정관리를 요청하자 미국인은 깊은 충격에 빠졌다. 이렇게 된 근본요인은 고객의 소리를 외면한 경영진에게 그 책임이 있었다. "우리가 K마트를 찾는 건 백화점을 방문하는 이유와 다르다."라는 고객의 볼멘소리를 조금이라도 귀담아 들었다면 이런 불행한 결과는 없었을 것이다. 이는 아무리 좋은 마케팅 전략과 할인제도가 있더라도 고객을 위한 진정한 서비스가 뒤따라주지 않는다면 갑 속에 든 칼일 뿐이라는 사실을 우리에게 가르쳐준다.

결국 문제는 고객이다. 기업은 고객에게 깊은 관심을 표명해야 한다. 과연 그들은 누구이며 어디서, 왜 우리에게 다가왔는가? 이런 고객의 프로파일에 진정성을 부여해야 한다. 이제는 과거와 같이 불특정 다수를 향해 짝사랑을 표현하거나 공포탄을 쏘는 낭비를 해서는 안 된다. 기업이 생존하기 위해서는 먼저 손을 내밀고 묻고 다가가 그들의 욕구를, 빈 가슴을 채워주어야 한다. 이렇게 하여 오랜 친구처럼 유대감을 느끼게 해야 한다. 이때 비로소 고객 관계 마케팅이 이뤄진다는 걸 명심해야 한다.

고객 관계 마케팅

고객에 대한 정보를 수집하고 이를 효과적으로 활용하여 신규 고객을 획득한다 ➡ 우수 고객을 유지한다 ➡ 고객의 가치를 증진시킨다 ➡ 잠재 고객 활성화와 같은 사이클을 통해 적극적으로 관리하고 유지하며 고객의 가치를 극대화한다

앞서 누누이 강조했지만 고객이 기업을 외면하는 이유는 고객 자신의 문제이거나 제품 자체의 문제일 수도 있겠지만 근본적으로는 서비스의 문제이다. 미국 품질관리학회의 조사에 따르면 고객이탈의 1위 사유가 고객 접점에서의 서비스 문제인 것으로 나타났다. 응답자 가운데 70%가 기업의 서비스 품질에 불만을 느끼고 있다고 한다. 물건보다 직원들이 고객을 응대하는 과정에서 문제가 발생한다는 점은 우리에게 많은 생각을 하게 한다.

이런 점에서 볼 때 기업은 수단과 방법을 가리지 않고 고객을 알기를 원해야 하며 고객을 만나는 그 순간을 위해 모든 준비와 노력을 다해야 한다. 스칸디나비아항공의 CEO였던 얀 칼슨Jan Carlzon은 "백 번의 고객과의 접점에서 아흔아홉 번 만족시켰다 하더라도 고객이 단 한 번 불만을 느끼면 고객의 종합만족도는 0이 된다. 고객과 접하는 최초의 15초에서 $100-1=0$이 되고 만다."라고 말할 정도로 고객과의 접점 관리를 강조했다.

고객과 만나는 15초(흔히 '진실의 순간'이라고 한다)가 기업의 운명을 결정한다는 사실을 충격으로 받아들여야 한다. 따라서 고객을 파악하기 위한 기업의 앞선 투자, 즉 첨단 정보 시스템이 동원되어야 한다. 단순히 과거처럼 천편일률적인 접근이나 일반적인 구애로는 K마트와 같은 길을 걸을 수밖에 없다.

이마트의 첨단 정보 시스템은 점포의 효율적 운영에 포커스가 맞추어져 있지만 근본적으로 고객이 바라는 서비스, 그 이상의 수준으로 고객만족을 위해 활용되고 있다. 신속 정확한 판매 정보에 입각한 판매 계획의 과학화를 위해 활용되는 POS 데이터는 고회전 또는 매출부진 상품을 파악하거나, 신제품 그리고 유사 상품 및 경쟁 상품과의 판매 경향을 파악하기 위해 사용된다.

하지만 그런 쓰임 이외에도 카드 시스템을 결합한 고객관리와 구매 동향을 파악하기 위한 자료를 얻기도 한다. 그리고 GOTGraphic Order Terminal● 시스템, 즉 단말기 하나로 점포 자체에서 발주가 가능할 뿐 아니라 날씨와 매출 정보까지 확인 가능한 첨단정보 기능에도 그래프를 통한 고객의 선호 상품 예측과 상품 구색SKU별 트렌드를 제공하는 고객 밀착 전략이 내재되어 있다.

이 밖에 선진적 고객 데이터 마케팅의 툴로 평가받고 있는 DWHData Where-Housing 시스템에 의해 지역과 상황별로 소비자가 선호하는 상품을 관리해 차별화된 상품 공급 및 서비스를 제안한다. 또한 이마트와 제조업체 간에 판매 정보를 공유하는 EDIElectronic Data Interchange 시스템의 궁극적인 목적도 고객욕구를 충족시키고 고객에게 신속하게 반응하기 위한 것이다.

이러한 이마트의 고객중심주의는 이마트 상품을 선정하는 데에도 작용한다. 추자도 굴비, 원양 동태 등과 같은 웰빙 상품들은 매출에서도 이마트의 효자상품인데, 이들이 효자상품이 될 수 있었던 것은 무엇보다 주부 고객들의 입소문 덕이 컸다. 그래서 이마트는 신선식품, 가공식품 등을 선정하는 데 주부 고객들을 심사위원으로 참여시키고 있다. 이제 이마트의 상품 선정에도 주부 고객의 입김이 세지고 있다는 말이다. 질 좋고 맛 좋은 상품으로 고객들의 입맛과 감성을 사로잡으려는 이마트의 전략이 돋보인다.

최근 신세계 이마트는 GDSNGlobal Data Synchronization Network●●이란 인터넷을 통해 전 세계 유통업체와 거래하는 다양한 글로벌 제조회사 및 상품의 조회가 가능한 네트워크를 상용화하기 위해 산업자원 산하 한국전자거래협회와 업무협약을 체결하였다(이 서비스는 2007년 하반기에 상용화될 예정이다). 이는 신세계 이마트가 고객의 기대 수준을 뛰어넘기 위해 얼마나 많은 관심과 투자를 기울이고 있는가를 보여주는 단적인 예이다.

●GOT 상품 발주용 휴대 터미널로, 상품의 위치 등을 입력하면 그에 따른 재고 현황을 보고 발주를 할 수 있게 되어 있다. ●●GDSN 글로벌 데이터 동기화 네트워크.

11 그곳에 가면 문화체험의 기쁨이 있다

신세계는 유통업계 최초로 문화센터(1984년, 구 동방프라자)를 운영한 노하우를 가지고 있는데, 이마트 역시 이를 바탕으로 고객 니즈에 맞는 맞춤형 문화강좌를 전국 열여섯 개 지역에서 운영 중이다.

문화 체험 프로그램은 이마트라는 공간 내에서 이루어지고 그 간직하고픈 경험과 이미지가 브랜드와 연결되므로 고객과 기업이 윈윈할 수 있게 한다. 1990년대 이후 대부분의 소비재 시장이 성숙기에 접어들고 제품 생산 기술이 보편화되면서 시장경쟁력에서 우월한 위치를 확보하고 지속적인 차별화를 위해 기업은 혁신적인 문화체험을 마케팅 요소에 적극적으로 접목시키고 있다.

이마트 문화센터 오픈 내역	
● 1997년 5월	이마트 제주점 문화센터 오픈
● 2005년 8월	이마트 서수원점 문화센터 오픈
● 2005년 9월	이마트 월계점 문화센터 오픈
● 2005년 10월	이마트 통영점 문화센터 오픈
● 2005년 11월	이마트 문현점 문화센터 오픈
● 2005년 11월	이마트 금정점 문화센터 오픈
● 2005년 11월	이마트 울산점 문화센터 오픈
● 2005년 11월	이마트 부평점 문화센터 오픈
● 2005년 12월	이마트 남양주점 문화센터 오픈
● 2006년 4월	이마트 고잔점 문화센터 오픈
● 2006년 5월	이마트 군산점 문화센터 오픈
● 2006년 6월	이마트 경산점 문화센터 오픈
● 2006년 9월	이마트 검단점 문화센터 오픈
● 2006년 11월	이마트 아산점 문화센터 오픈
● 2007년 2월	이마트 포항이동점 문화센터 오픈
● 2007년 5월	이마트 부천점 문화센터 오픈

이마트는 현장체험 문화교실을 인기리에 진행하고 있는데, 특히 어린이 요리교실에는 조리 행위가 지각 발달에 효과적이라는 이유로 신청자가 급증하고 있다. '아인슈타인 요리교실'은 5대 영양소, 원자와 분자, 온도의 변화, 시간의 개념 등 과학 지식을 요리에 접목하여 6세 이상 초등학교 저학년을 중심으로 진행하고 있다. 이마트 죽전점에서 문을 연 '키즈쿠킹'은 조기 매진될 정도로 이마트의 어

문화센터 프로그램 가운데 쿠킹 강좌에 참여한 고객들.

린이 요리강좌는 인기를 모으고 있다.

　이마트는 여세를 몰아 올해는 지난해(2006년)보다 54% 증가한 200
여 강좌를 개설했다. 또한 어린이 외에도 맞벌이 부부나 주중에 시간
을 내기 힘든 가족을 위한 강좌를 80% 편성할 정도로 열의를 보였
다. 그중에 '엄마랑 아빠랑 아가랑 패밀리레스토랑 따라잡기'는 가
족이 함께하는 키즈 특강으로 체험강좌의 새로운 면을 보여주고 있
다. 이 밖에 영어로 진행하는 '쿡 잉글리시', '요리쿡 조리쿡 신나는
요리와 놀자' 등 다양한 강좌도 문화체험의 기쁨을 주고 있다. 이러
한 체험 프로그램은 요리에만 국한되지 않고 '놀이'와 '문화' 등의 형
태로도 진행되는데 그 내용은 다음과 같다.

'놀이'를 통한 체험의 예

● **정글 숲 놀이** : 타잔 놀이, 도마뱀 놀이, 정글 숲 놀이, 색 물감 뿌리기, 늪지
대 종이죽 밟기 등 보고 듣고 만지고 이해하는 오감각 체험
● **콩쥐와 팥쥐** : 이야기 속의 주인공이 되어 새엄마가 시킨 고된 농사일처럼
키질로 곡식 분류하기, 항아리 물 채우기, 밭갈이와 허브 심기를 한다

전통문화를 통한 체험의 예

● 전통탈로 만든 나만의 탈 만들기
● 우리 가락, 우리 춤 배우기
● 놀이극과 함께하는 전래 놀이

그럼 왜 기업은 문화체험을 마케팅에 접목하는 걸까?

독특한 맛을 자랑하는 음식점은 제품 위주의 마케팅을 하는 것이
라면 음식과 함께 서비스를 제공하는 것은 고객 지향적 마케팅이다.
아울러 체험 마케팅은 단순히 맛과 친절을 제공하는 것을 넘어서 총
체적인 감각의 경험을 제공하는 것이다. 예컨대 아름다운 테이블 세
팅에서부터 식기, 음악, 조명, 의자와 가구, 인테리어 등을 이용하는
것이다.

여기서 전통적 마케팅의 변화와 체험 마케팅의 특징을 짚고 넘어
가기로 하자. 전통적 마케팅은 대체로 기능상의 특징과 편의에 초점
을 맞춘다. 그러나 제품이 반드시 특징과 편의로 이루어졌는지에 대

해서는 의문을 가질 수 있다. 현대의 소비자에게는 설명할 수 없는 구매·소비현상이 존재한다. 일반적으로 전통적 마케팅을 제품의 범주와 경쟁을 좁게 결정하여 고객을 늘 합리적 의사결정자로 간주하는데, 이것은 어찌 보면 고정관념일지도 모른다.

반면에 체험 마케팅은 경험과 체험에 중점을 둔다. 경험은 어떤 상황에 참여하고 겪고 그리고 살아가면서 생기는 것이다. 체험은 기능적 가치를 대신할 수 있는 감각적, 감성적, 인지적, 행동적 그리고 관계적 가치를 제공해 준다. 대부분의 전통적 마케팅은 고객이 구매하도록 설득하는 일에 중점을 두지만 체험 마케팅은 구입 후 일어나는 소비경험에도 관여를 한다. 또한 체험 마케팅은 어떤 제품이 어떤 상황에 맞는지, 어떻게 하면 제품이나 포장, 광고가 소비경험을 더 순화시킬지, 그리고 소비상황이 고객에게 어떤 의미를 주는지 연구하여 시너지 효과를 일으킨다.

예를 들어 스웨덴의 가구회사 이케아Ikea는 소비 상황에 근거한 교차판매로 유명한데, 1998년만 하더라도 29개국에 140개의 매장을 가지고 있었다. 이는 규모 면에서 스웨덴에서 세 번째로 큰 것이었다. 매장 안에는 가구 품목과 액세서리가 소비상황을 중심으로 전시되어 있고, 고객에게 가상의 생활방식을 제시한다. 이케아 팸플릿은 '하루 동안의 여행', '야외의 즐거움'과 같은 소비상황을 보여준다. 여기서 이케아는 그릴에 몇 개의 스테이크를 올려 이웃을 초대하는데 필요한 모든 것을 고객들에게 제공한다. 소비자는 이성적인 선택을 하지만 종종 감정에 이끌려 가상의 소비경험을 통한 환상과 느낌,

그리고 재미를 추구한다.

그렇다면 문화 체험을 통해 고객의 충성도를 높이기 위해 문화센터를 운영하는 신세계 이마트는 앞으로 어떤 정책으로 이끌어가야 할까? 결론은 지속적이고 장기적인 전략 위에 프로그램을 정교하게 진행해야 한다는 것이다. 따라서 목표 대상을 좀 더 세분화하고 구체화하여 접근하고, 이런 작업을 통해 커뮤니티를 형성하여 고객만족을 유도할 관계 마케팅을 시도해야 한다.

여석준 강서구 새마을부녀회장

처음에는 거부감이 있었지만
이제는 내 집처럼 편안합니다

이마트에 대해 남다른 애정을 갖고 있다는 여석준 강서구 새마을 부녀회 총무는 이마트의 현재는 오랜 시간 동안 쌓아온 고객 사랑의 결과라고 말한다. 고객으로서 냉철하게 비판을 아끼지 말아달라고 강력히 요구했음에도 이마트가 지역사회에 어떤 봉사활동을 했으며 지역 주민의 마음에 어떻게 각인되고 있는지 여러 사례를 들어 설명했다. 아울러 내 집 같은 친근함이 자신을 이마트의 오랜 고객으로 남게 했다는 말을 잊지 않았다.

이마트가 지역 봉사활동도 하더군요

지금은 이마트의 단골이지만, 솔직히 처음 이마트가 강서구에 생겼을 때는 기대감보다 우려가 컸습니다. 이마트가 들어선다고 하자 모든 강서구민들이 들떴습니다. 땅값 상승 기대도 있었고 한 곳에서 싸게 시장을 볼 수 있을 거라는 기대도 있었지요. 저는 그 당시 어느 봉사단체에 속해 있었는데, 휴지 판매로 기금을 마련하고 있었습니다. 그런데 더 싸게 파는 대형마트가 들어와버렸으니 기금 마련도 제대로 안 될 것이라 생각했던 거지요. 그러나 곧 그것이 기우였다는 걸 알게 되었습니다. 이마트가 우리가 하는 일에 발 벗고 나서는 걸 봤죠. 지역사회를 위해 많은 일을 하려는구나 생각했습니다.

그리고 어느 날 물건을 두 박스를 사서 기다리는데, 한 직원이 이런 저런 이야기를 건넸습니다. 별거 아니지만 고객에 대한 배려인 것 같아 좋더군요. 그래도 지역주민을 위한 놀이방과 같은 문화시설을 더 만들었으면 하는 바람은 있습니다.

최근 가양점의 매출이 좋다는 이야기를 들었습니다. 그만큼 이마트가 강서구를 위해서, 지역 주민들을 위해서 많은 일들을 해주기 때문에 주민들도 이마트를 선호하는 것 같습니다. 주부들은 무섭습니다. 이마트의 잘한 점과 못한 점이 바로바로 들어와요. 이게 바로 입소문 아닌가요? 얼마나 사소한 것에 관심을 가져주느냐가 판단 기준이 되지요. 이마트가 강서구 지역을 통해서 돈을 버는 만큼 앞으로도 지역주민들에게 봉사로 환원했으면 하는 바람입니다.

이마트 독자개발상품

E·BASICS #9O2

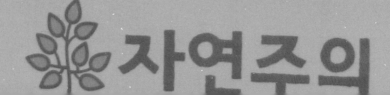

Chapter 4

●

이마트, 대한민국 1등 할인점의 성공코드

01 무한경쟁을 위한 업그레이드 매뉴얼을 개발하라

최근 신세계 이마트는 과도한 가격파괴 행사를 자제하고 저가 상품을 줄이는 대신 상품 고급화에 주력하겠다는 내부 전략을 세우고 있다.

그 일환으로 할인점의 특장점으로 1997년부터 지켜왔던 최저가격보상제를 전면 폐지하겠다고 한다. 이 제도가 오히려 과도한 경쟁을 유발하여 실질적으로 소비자에게 혜택이 돌아가지 않는다는 문제 때문이다. 더 나아가 이마트의 이러한 조치는 한층 고급화된 상품으로 고객만족을 이끌어가겠다는 의지로 보인다.

좀 더 자세히 들여다보면 이마트는 '반값 할인행사'나 '1+1행사' 등을 점진적으로 줄일 계획이다. 그 이유는 지나친 가격할인 행사로 협력업체가 부담을 떠안을 수밖에 없으며, 이는 고스란히 납품가 상승으로 이어지기 때문이다. 그 결과 제조업체의 경쟁력을 약화시키고 저질 상품 납품으로 소비자에게 피해가 돌아가는 악순환이 반복된다. 이마트는 이를 미연에 방지하겠다는 의도에서 비효율적인 할인경쟁을 줄이겠다는 것이다.

그동안 과도한 파격가 행사 경쟁을 벌이느라 할인점은 할인점대로, 협력업체는 협력업체대로 시간적 낭비는 물론 제작비용 및 예산 소모도 상당했던 것으로 알려졌다. 소비자들도 할인행사에 길들어 갈수록 더 강력한 가격파괴 행사를 선호하는 경향이 생겼다. 그리고 그 반대급부로 제품의 질에 대한 신뢰도는 날이 갈수록 떨어져갔다. 이마트는 가격파괴를 줄이는 대신 메이커스 위크Maker's Week와 전단지 광고 등 선직국형 프로모션을 확대해 줄어든 할인행사의 틈을 메우기로 했다.

메이커스 위크 마케팅은 이마트와 관련된 특정 협력업체의 전 제품을 한 자리에서 판매하는 이벤트이다. 유통업체와 협력업체가 수개월 이상의 준비기간을 거쳐 기획하여 제품을 고급화하고 객단가를 높이는 판매 마케팅 전략이다. 이는 기존의 할인만을 지향하던 마케팅에서 한층 더 업그레이드된 역발상 마케팅이라 할 수 있다. 이제는 할인점 업계도 과거의 로 코스트 오퍼레이션 원칙을 고수하기보다 소비자층의 욕구와 시대의 변화에 따라 '고급화 가치'를 파는 것이 무한경쟁에서 살아남을 수 있는 전략이라 인식하고 있다.

이러한 가치 마케팅 지향의 원인은 할인점 시장의 흐름에서 찾아볼 수 있다. 한국 할인점 시장은 1990년대 성장기를 거쳐 2000년대에는 성숙기로 접어들었다. 다시 말해 과거의 경쟁 심화 구도에서 차별화 전략 구도로 넘어간다는 것이다. 특히 2006년 하반기부터 한국 할인점은 거의 포화상태에 다다랐다. 그러다 보니 할인점들 간의 과도한 경쟁이 무조건 최저 가격이라는 제 살 깎아먹기로 이어졌다. 결국 점포당 수익구조는 악화되고 전체 할인점 시장의 불균형을 초래하고 말았다.

이러한 위기감을 절박하게 인식한 이마트는 새로운 경쟁 체제를 구상하여 나눠 먹기식 마케팅이 아닌 스스로 소비자층을 개발한다는 거시안적 플랜을 짠 것이다. 대표적인 매장이 이마트 자양점과 죽

메이커스 워크 행사 매장 : 대상과 동원 F&B를 함께 모아 진행한 행사 매장

전점이다. 이들은 한층 업그레이드된 매뉴얼을 적용하여 백화점에 버금가는 매장으로 성장하고 있다.

이마트 자양점은 상품 수가 훨씬 다양하게 구비되어 있는데, 기존 점포가 3만~5만 가지인데 반해 자양점은 그 두 배에 가까운 6만 가지의 상품이 진열되어 있다. 또한 기존 점포가 중저가 상품 위주로 구성되어 있다면 자양점은 백화점과 경쟁해도 손색이 없을 만큼 고가품과 외국 명품까지 취급하고 있다.

기존 점포의 경우 전문 매장의 비중이 적은 반면 3세대 자양점에는 와인숍, 시푸드, 샐러드 메뉴, 패밀리레스토랑 메뉴 등도 판매하고 있어 이마트의 로드맵을 쉽게 발견할 수 있다. 이 밖에 높아진 진열대(1.6m ➡ 2.1m)나 목재 진열대, 박스 및 계단형 진열 등은 철제나 벌크 진열에 익숙한 고객에게 신선함을 준다.

또한 이마트는 이러한 업그레이드 매뉴얼을 몇몇 지점에만 한정하지 않고 기존 매장의 리모델링도 추진하고 있다. 대표적인 매장이 이마트 초창기에 오픈한 일산점이다. 이마트 일산점은 최근 새롭게 단장해서 좋은 평가를 얻고 있다. 머물지 않고 계속 변화하는 이마트의 생동감을 읽을 수 있는 부분이다.

이런 변화는 소비자들에게 그동안 백화점 고객들이 누려왔던 가치 중심 소비심리를 만족시켜 준다. 그러나 문제는 저비용 할인점 고객으로서의 특권을 박탈당하여 지출이 늘어날 수도 있다는 측면이다. 따라서 업태의 경쟁력과 포지셔닝을 확고하게 세울 수 없는 혼돈을 겪게 될 수도 있다는 예측이다.

그런 문제에 대비하기 위해서 이마트는 점포 규모의 다양화를 꾀하면서 경쟁력 있는 매뉴얼을 시도하려 하고 있다. 최근 신세계 정용진 부회장은 "점포 규모를 다양화하면서 다점포 전략을 펴나가겠다."라고 공언했다. 이 말은 곧 할인점의 내용이나 규모 면까지 다양화하여 경쟁력을 높이겠다는 의미로 보인다.

실제로 매장 면적 1652.9~2314㎡(500~700평)의 할인점과 165.29~330.58㎡(50~100평) 내외의 슈퍼마켓의 중간 형태의 유통점포가 시장에 진출하여 경쟁해야 하는 현실에서, 이마트는 중형 마트의 진입장벽을 마련하고 비경쟁 체제를 유도할 수 있는 새로운 거대 마켓군을 구성하겠다는 의도로 보인다. 이제는 틈새시장을 개척하기보다 대한민국 1등 할인점 브랜드로서 확고한 경쟁우위를 포지셔닝하겠다는 포부이다.

물류 시스템, 모든 경쟁력의 핵심이 된다

체인스토어의 운영 목적인 로 코스트 오퍼레이션을 실현하기 위해서는 물류센터 운영이 필수적이다. 만일 이 부분이 여의치 않게 되면 운송·보관에 소요되는 물류비용이 증대되어 상품의 원가상승이 따를 뿐 아니라 적시에 물건 공급이 어려워져 결품이 발생할 가능성이 커진다.

이는 곧 소비자의 신뢰를 잃는 결과로 이어질 수 있기에, 효율적인 물류 시스템은 유통업계의 중대한 사안이라 할 수 있다. 그런 점에서 이마트 물류 시스템의 대내외 경쟁력은 타의 추종을 불허할 정도로 앞서 있다.

그동안 물류 첨단화를 위해 집중적인 투자를 해왔고, 지금도 물류

이마트 물류센터의 물류 시스템 현황.

시스템에 대한 투자를 아끼지 않고 있다. 현재 이마트의 물류는 본부가 68%, 벤더 업체(제3자 물류)가 10%, 제조 도매업체의 직송이 2%를 차지하고 있어 나름대로 효율적인 저원가 경영 시스템의 한몫을 담당한다. 이마트는 경기도 용인과 시화, 광주 물류센터에 이어 경북 대구 물류센터(2001년)로 수도권과 영호남을 연결하는 양대 물류의 축을 형성하였다.

그러나 이마트는 여기에 머물지 않고 보다 신속하고 효율적인 물류 시스템과 전국 물류 네트워크를 구성하기 위해 2008년 6월 개장을 목표로 경기도 여주에 전체 대지 면적 19만9950㎡(6만485평), 연면적 7만5581㎡(2만2869평) 규모의 여주물류센터를 오픈할 예정이다. 여주

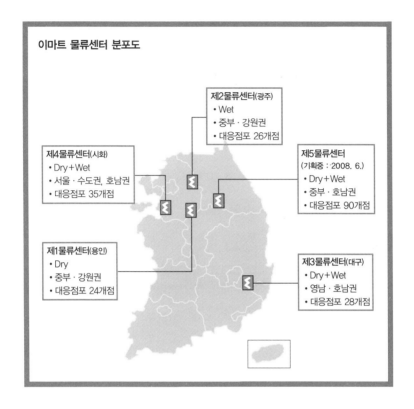

이마트 물류센터 분포도

제2물류센터(광주)
• Wet
• 중부 · 강원권
• 대응점포 26개점

제4물류센터(시화)
• Dry+Wet
• 서울 · 수도권, 호남권
• 대응점포 35개점

제5물류센터
(기획중 : 2008. 6.)
• Dry+Wet
• 중부 · 호남권
• 대응점포 90개점

제1물류센터(용인)
• Dry
• 중부 · 강원권
• 대응점포 24개점

제3물류센터(대구)
• Dry+Wet
• 영남 · 호남권
• 대응점포 28개점

물류센터는 공산품 처리동_{Dry Center}●과 신선식품 처리동_{Wet Center}●●
으로 구성되어 있으며, 두 동을 모두 합쳐 시간당 3600박스의 물건을
배송·처리할 수 있다. 이는 국내 물류센터 가운데 최대 규모라 할 수
있다. 특히 신석식품의 신선도 유지 강화 효과를 위해서 1일 2배송 체
제를 유지하는데, 여기서 상품의 질로 승부하겠다는 이마트의 의지를
읽어낼 수 있다.

국가적인 물류 표준화 사업을 선도하고 참여해 온 신세계 이마트

●**공산품 처리동** 물류센터 중 온도관리가 필요 없는 가공식품, 생활용품, 가전 등의 상품을 취급하는 센터를
말한다. ●●**신선식품 처리동** 신선식품을 취급하는 물류센터로, 상품의 신선도 관리가 로 코스트_{low cost} 관리
보다 더 중요하다. 프레시 센터_{Fresh Center}라고도 부른다.

이마트 물류센터 현황

센터명	오픈날짜	소재지	대지면적 (㎡)	연면적 (㎡)	배송지역	기능	비고
용인센터	1996.12.	경기 용인 포곡면	18,678	9,775	중부·강원권	Dry	할인점 최초 물류센터
광주센터	1998.12.	경기 광주 오포면	18,840	6,717	중부·강원권	Wet	할인점 최초 식품가공센터 운영
대구센터	2000.4.	대구 달서 호산동	33,058	21,250	영남·호남권	Dry+Wet	자동매입분류 시스템 구축
시화센터	2003.2.	경기 시흥 정왕동	42,975	20,301	서울·수도권, 서호남권	Dry+Wet	카테고리별 배송 시스템 적용
여주센터	2008.6. (예정)	경기 여주	60,485	22,863	서울·수도권, 강원, 충청, 경북, 전남 북부 지역	Dry+Wet	카테고리별 배송 시스템 적용

는 국내 유통업계 최초로 자동화된 물류센터를 구축하고 기본적인 하드웨어를 조성한 바 있다. 특히 국제 표준 물류 코드인 EAN-14 European Article Numbering-14●와 표준 물류 바코드를 활용한 무선 LAN 입출고 시스템을 국내 최초로 도입하여 물류센터 회전율을 최소 15% 개선하였다.

이렇게 함으로써 과거처럼 박스 개봉을 통한 낱개 매입이 없어지고 EAN-14코드를 통한 자동 매입이 이루어져 유통 및 제조업체 간의 신뢰성은 물론 물류 생산성 향상 및 인력절감의 효과를 얻을 수 있다. 또한 협력회사의 납품 절차가 짧아져 대기시간이 절약되어 회전율이 높아지고 각종 입출하가 전산화되어 업무의 효율성이 향상

●EAN-14 골판지 박스 등 외장 박스에 물류 코드를 인쇄하기 위해 개발된 코드로서, 국내뿐 아니라 전 세계 제조업체, 유통업체, 물류업체가 공통적으로 사용할 수 있는 국제 표준 물류 바코드이다.

된다. 앞서 언급된 절차 간소화와 납품 시간의 단축은 곧바로 협력회사의 물류비 절감에도 큰 도움이 된다.

체계적이고 효율적인, 자동화된 신세계 이마트 물류 시스템이 어떻게 구성되어 있는지 좀 더 살펴보자. 일단 이마트는 물류 정보 시스템 ELISE-mart Logistics● Information System와 유통 정보 시스템 등 자체 정보 시스템을 통해 모든 작업을 전산화하였다. 이는 물류센터의 표준화, 자동화, 정보화와 연결되어 고객에게는 보다 신선한 품질의 상품을 공급하고 협력사에게는 물류비용을 최소화하게 한다.

이런 시스템을 통해 취급 상품의 특성에 따라 물류센터가 양분되는데, 그 첫째가 가공, 잡화, 규격상품 등 비식품을 대상으로 한 드라

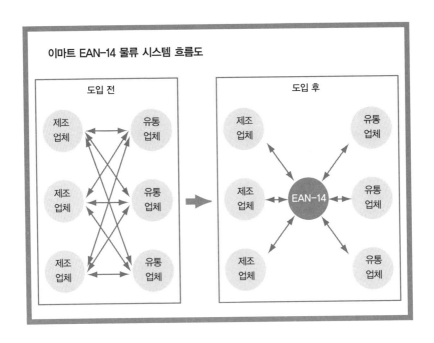

이 센터이다. 이곳은 최첨단 자동분류기sorter와 무선단말기를 장착한 첨단 지게차를 갖추고 있어 분류 즉시 자동으로 매입 작업을 진행할 수 있다. 한편 농산, 수산, 축산 등 식품을 취급하는 웨트 센터에는 대규모 냉동·냉장창고와 가공작업실, 상품검사실, 시험분석실, 전산실이 갖추어져 있으며 신선도를 유지하기 위해 건물 전체를 쿨체인 시스템Cool Chain System으로 관리하고 있다.

더불어 친환경적 물류센터로 자리 잡기 위해 오폐수 처리장을 설치했다고 하는데, 이러한 효율적인 물류센터는 PB, 해외 직수입 상품, 산지 직송 상품 등 정책적인 상품의 전략기지로도 활용할 수 있다. 중간 마진을 배제하고 매입원가를 낮춰 가격경쟁력을 높이는 것이 결국 물류센터의 역할이다.

결론적으로 신세계 이마트가 대한민국 할인업계에서 넘버 원 브

이마트 시화물류센터 전경

●Logistics 본래 의미는 병참이지만 유통 합리화의 수단으로서 그 사고방식이 채택되어 원료 준비·생산·보관·판매에 이르기까지의 과정에서 물적유통을 가장 효율적으로 수행하는 종합적 시스템을 가리키는 말이 되었다.

랜드로서의 위상을 차지하고 과거 다국적 기업과의 치열한 경쟁에서 살아남을 수 있었던 것은 물류 시스템을 위한 끊임없는 투자와 개발이 있었기에 가능했음은 아무리 강조해도 지나치지 않다.

03 PB에서 PL까지, 자체 브랜드로 수익모델을 업그레이드하라

초창기 유명 브랜드 상품의 매입에 어려움을 겪은 이마트는 로 코스트 오퍼레이션을 유지하기 위해 1997년부터 할인점 최초로 자사 브랜드private brand를 선보였다.

이러한 PB상품은 제조업체로서는 안정적인 판매망을 확부하고 추가적인 매출을 올릴 수 있다는 장점이 있다. 또한 타사와 차별화된

PB상품 매출규모 현황

구분	2002년	2003년	2004년	2005년
매출액	2700억	3600억	8500억	1조

이플러스 행사 매장 광경

전략을 펼쳐 유통시장의 브랜드화를 이룰 수 있다. 이마트로서는 PB 상품을 통해서 향후 안정적이고 꾸준한 수익성이 확보되리라는 전망을 했던 것 같다. 그 후 이 전망은 적중하여 PB상품이 오늘날 신세계 이마트의 새로운 수익모델로 자리 잡았는데, 현재 우유와 같은 식용품을 비롯하여 화장지, 기저귀 등 생필품까지 그 상품 영역을 확대하고 있다. 현재 PB상품 품목은 3500여 가지에 이르며, 매출규모도 1조 원을 넘기고 있다.

그렇다면 이마트의 대표적인 PB상품으로는 어떤 것이 있을까?

● 이플러스

이플러스E-Plus는 우유, 계란, 돈육, 라면, 국수, 식용유뿐 아니라 휴지, 기저귀, 치약 등 식품과 생활용품 전반에 걸쳐 폭넓게 개발되는 PB상품으로, 신세계 이마트 내에서 매출 1위를 기록하는 독보적인 브랜드이다.

● 이베이직

이베이직E-Basic은 니트, 점퍼, 캐주얼 남방, 바지 등 정장을 제외한 전 의료 품목 브랜드이다. 품질은 중고급 수준이지만 가격은 저렴하여 이마트의 효자 브랜드로서의 역할을 톡톡히 하고 있다. 2007년에는 남성 의류, 신사화, 남성 내의 등 프리미엄 PB상품인 '이베이직

이베이직 광고판

자연주의 광고판

블랙라벨'을 론칭했는데, 낮은 가격 중심에서 벗어나 앞선 패션 스타일을 추구하였다.

● 자연주의

생활 토털 브랜드 자연주의는 이마트가 자체적으로 개발한 자가 브랜드로, 이십대에서 사십대의 여성 고객을 타깃으로 하며, 상품의 수도 약 1500여 종에 이른다. '인간과 환경, Natural & Basic'의 개념으로 만들어진 천연 소재 의류, 홈패션, 도자기, 쟁반, 침구류 등을 취급하며 이들 제품은 까사미아 등 일반 브랜드보다 30% 이상 가격이 저렴하다.

● 마이클로

2001년 가을에 출시된 마이클로는 기존 PB 의류상품의 단조로움에서 벗어나 아메리칸 스타일, 패밀리 캐주얼 브랜드 등 새로운 스타일을 추구한다. 이마트 내 숍인숍Shop in Shop 별도 매장에서 판매되고

이마트 PL 상품의 미래가 될 #902 매장

있다. 일반 제조업체 상품보다 1.3배 높은 판매율을 기록하고 있다.

● #902

2006년에 론칭되어 현재 전국 스물네 개 이마트와 일곱 개 신세계마트에 입점되어 있는 #902는 일반 힐인점 패션 브랜드와는 달리 신세대 의류 트렌드를 주도하는 중고가 브랜드로 평가받고 있다. 따라서 기존 PB상품과는 차별화된 콘셉트와 아이템으로 PB를 넘어 PLPrivate Label의 포지션을 갖고 있다.

　이마트는 패션 분야에서 가격보다 가치 중심의 PB상품으로 전환하고 있다. 2006년부터 선보인 미시 트렌드 '코우즈'와 남성들을 위한 '이베이직 라벨'은 가격 중심에서 벗어나 패션성을 갖춘 프리미엄 PB상품으로 각광받고 있다. 이는 PB상품의 저 가격대와 내셔널 브랜드의 고 가격대 사이의 틈새시장을 공략하기 위한 전략으로 보

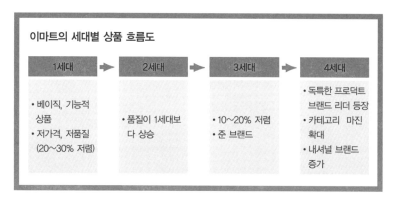

이마트의 대표적인 PB상품인 이베이직 의류 매장.

국내 할인점의 PB상품 현황표

구 분	주요 내용	
이 마 트	• 이플러스(가공 일상) • 자연주의(패션 생활) • #902(의류), 진홀릭(진)	• 이베이직(패션, 잡화, 가정) • 디자인 유나이티즈(캐주얼)
홈플러스	• 홈플러스 Good, better, best • 멜리멜로(아동복) • 이지클래식(중장년층)	• 프리선셋(캐주얼) • 스프링쿨러(스포츠의류)
롯데마트	• 와이즐렉(식품, 생활문화) • 자연애찬(신선)	• 베이직아이콘(의류) • 라메종(가정용품)

인다. 과거 저가격 저품질의 1세대에서 합리적 가격에 품질과 디자인을 보강한 2, 3세대의 PL상품으로 전환하여 타 할인점과의 차별화와 수익성을 꾀하고 있다.

이렇듯 이마트는 초기의 저비용 체제를 위해 계획된 요소들을 보완하여 앞선 마케팅 파워와 뛰어난 개발과 투자력으로 진일보된 수익모델을 그려가고 있다. 전국적인 다점포망과 지속적인 점포 출점으로 그 기반이 튼튼할 뿐 아니라 가격경쟁력과 상품경쟁력을 갖춘 PB상품에 소비자의 관심이 증가하고 있음이 이를 입증해 준다.

최근 경기성장의 둔화와 다른 할인점들과의 경쟁에 따른 돌파구를 찾기 위해 이마트는 신규 패션 브랜드의 론칭을 가속화하고 있다. 이에 2007년 8월에 신규 브랜드 '데이즈'와 '헨리 브라운'을 론칭했다. 데이즈는 젊은 계층을 대상으로 한 영 캐주얼 의류이며, 헨리 브라운은 40~50세를 대상으로 정통 분위기의 클래식 캐주얼 의류를 지향한다. 이제 이마트는 의류는 물론 액세서리까지 토털 코디네이션이 가능한 프리미엄 패션 의류를 전면에 내세우고 잇다. 이는 80%에 달하는 동네 슈퍼와의 중복상품 판매를 줄이고 다른 대형 할인점과의 차별적 경쟁력을 갖기 위한 전략이다. 앞으로 신세계 이마트의 우수한 상품의 향방이 주목된다.

김복진 (주)삼원색 대표

윤리경영을 통해서 회사 경쟁력을 키우고 있습니다

(주)삼원색은 1985년에 아동 의류업을 시작한 이후 톰앤드제리Tom & Jerry 캐릭터 브랜드를 필누보 베스트키드Best Kid, 베스트클럽Best Club, 베스트주니어Best Junior 등 총 네 개 브랜드로 아동복 시장을 선도하는 기업이다. 1998년에 베스트키드라는 아동복 브랜드로 이마트에 입점하여 지금까지 함께해 오고 있다. (주)삼원색은 2004년 신세계 윤리경영 선도기업으로 위촉되었으며, 그 이듬해 제1회 윤리경영 대상을 수상하기도 했다. 김복진 (주)삼원색 대표는 오늘날의 삼원색이 있는 것은 상도의를 지켜왔기 때문이라고 말한다.

IMF 금융위기를 이마트로 이겨냈습니다

저희는 백화점 유통을 해오다가 IMF 금융위기 이듬해인 1998년에 부도를 많이 맞았습니다. 그렇지만 이 피해를 협력업체에게까지 주고 싶지 않았습니다. 그래서 백화점 대신에 할인점을 선택했습니다. 그 당시 이마트의 점포 수가 스무 개 정도였으니 그다지 큰 매출은 아니었습니다. 지금 생각해 보면 그때 할인점에 들어간다는 것은 브랜드 이미지를 깎아먹을 수 있는 일이었기에 쉬운 결정은 아니었습니다. 생식품을 파는 곳에서 의류를 판매한다는 게 이해도 안 되었고요.

그러나 지금은 이마트 매출이 전체 매출의 60%에 이릅니다. 매출도 매출이지만 이마트와 함께 서로 상생할 수 있는 기회가 되었고, 2004년에는 신세계 윤리경영 선도 기업으로까지 선정되었습니다.

2004년 11월에는 중국 아동복 시장에 총 자본 1000만 달러를 투자하여 '청도 삼원색 복장 유한공사'를 준공하였으며, 저희 윤리경영을 중국에까지 전파하여 평도시(平度市) 정부로부터 공헌상을 받기도 했습니다. 아마도 그 원동력은 초지일관 상도의를 지켜온 노력이 아닌가 생각합니다. 직원들과의 인간관계도, 협력업체와의 상거래도, 소비자와의 서비스도 모두 윤리경영을 바탕으로 했죠. 그 점을 이마트는 높이 사주었고, 공동 파트너로서 인정하고 도움을 주었습니다. 그러자 지속적인 거래 관계를 유지할 수 있다는 믿음으로 사업에만 매진할 수 있게 되었죠.

이제는 신세계 이마트의 윤리경영을 실천합니다

우리의 윤리경영 마인드를 한마디로 표현하자면 "윤리경영은 비용이 아니라 투자이며, 기업의 생존과 성장을 위한 경쟁력이다."라고 할 수 있습니다. 삼성경제연구소의 보고서에 따르면 우리나라 500대 기업 가운데 이미 50% 정도가 윤리강령을 채택하였으며, 이를 실천한 기업 가운데 70% 이상이 매출액 증대를 보였다고 합니다.

솔직히 중소기업의 입장에서 '신세계의 성공적인 윤리경영'에 공감하고 실천하기는 그 비용 부담이나 시간 배분에서 쉽지 않습니다. 그러나 이건 단기적으로 승부를 내는 장사가 아니라 장기적으로 싸워야 하는 사업입니다. 그래서 삼원색은 '미아 찾기 운동'이나 '결식아동 돕기' 등의 테마를 갖고 윤리 행동을 실천하고 있으며, 공정한 보상을 통해 모든 종업원들이 참여할 수 있는 기업문화를 만들어가기 위해 노력하고 있습니다.

벤치마킹으로 끊임없이 진화하고 발전하라

04

월마트가 한국에서 철수한 후 이마트의 운영체계가 눈에 띄게 바뀌었는데, 그것은 다름 아닌 '백화점급 할인점'으로의 전면 개편이었다.

이는 지나친 가격경쟁으로 저가 이미지로만 각인된 기존 할인점 이미지에서 벗어나, 백화점 가격대는 아니면서도 그런 분위기를 누리고자 하는 중산층의 소비심을 겨냥한 의도로 풀이된다. 그렇다면 과연 할인점이 가격과 분위기, 두 마리 토끼를 모두 잡을 수 있을까?

이마트는 최근 제품 포트폴리오에 일대 변신을 꾀했다. 공산품은 '연중 최저가' 전략을 유지하되 패션이나 신선식품 등은 가격보다 가치에 주안점을 두는 방식을 택한 것이다. 결국 상품의 특성에 따라 마케팅 전략에도 차별을 둔다는 것이 이마트의 의지이다.

한 이마트 관계자에 의하면 패션 부문을 강화하기 위해 미국의 '타깃'을 벤치마킹했다고 한다. 이마트 패션 PL상품을 보면 이들이 얼마나 공격적으로, 또 구체적으로 벤치마킹에 임했는가 엿볼 수 있다.

타깃은 월마트나 K마트와 같은 해에 출발했으나 발전 속도는 제일 늦었다. 그것은 다른 할인점과는 달리 고소득층을 공략하고 입지 또한 이들과 가까운 지역으로 선정하였으며, 출점 지역도 가급적 물류센터를 중심으로 한 도미넌트 에어리어Dominant Area● 전략을 고수했기 때문이다. 특히 '젊음Young', '가족Family', '품질Quality', '트렌드Trend'를 캐치프레이즈로 한 타깃은 일반 공산품의 품목 수를 대폭 줄이고 PB상품 개발에 적극적으로 나섰다. 또한 매장은 할인점의 원칙인 ELPEveryday Low Price 전략을 철저히 적용하되 진열 방식, 조명 등은 오히려 백화점에 가깝게 업그레이드했다.

결론적으로 이마트는 직수입 상품 소싱 능력과 고품질 PL상품으로 월마트의 아성을 무너뜨린 미국 타깃의 제품경쟁력을 벤치마킹한 것이다. 특히 이마트는 뉴욕 출신의 유명 패션 디자이너의 브랜드를 독점적으로 유치해 품격 있는 매장 이미지를 구성했고, 〈보그〉나 〈엘르〉 등에 자사 브랜드 광고를 싣는 타깃을 벤처마킹함으로써 '싸고 세련된 물건을 파는 쇼핑 장소'로 이마트의 미래상을 그려냈다.

2006년 프리미엄급 PL 브랜드 #902의 론칭이나 이마트 죽전점의 할인점 최초의 진 전문 편집매장 진홀릭Jean Holic의 개점, 전 점포에 별도의 숍 형태로 매장을 오픈하겠다는 이마트의 앞선 마케팅 전략

●**도미넌트 에어리어** 도미넌트라는 말은 지배하는 지역을 뜻하는 것으로 타사로부터 침범을 받지 않은 지역이라고 할 수 있다. 도미넌트 에어리어는 유통업체 입장에서 보면 행정구역 단위가 아니며 동일 물류센터를 이용하고 광고, 판촉, 이벤트를 이 에어리어 단위로 수행하게 된다.

은 이마트가 더 이상 마트가 아님을 행동으로 보여주는 과정이나 다름없다.

또한 최근 오픈한 자양점은 상품, 서비스, 매장 운영 측면에서 '국내 최고급 수준의 대형마트'로 평가받고 있는데, 이 가운데 신선식품 매장의 집기를 계단식 집기 배열 방식으로 설치하거나 아일랜드풍의 원목 집기를 입체감 있게 배치한 것은 미국 홈푸드마켓의 인테리어와 진열 형태를 벤치마킹한 것이라 한다.

최고의 신선도와 품질을 자랑하는 백화점식 시푸드 마켓 풍경

05 윤리경영, 전파하고 또 전파하라

신세계그룹의 홈페이지에는 '윤리경영'에 대한 사이트가 별도로 운영되고 있는데, 거기에는 윤리경영의 도입과 실천, 가치체계, 실천 시스템, 사회공헌 활동 등 보다 현실적이고 구체적인 내용이 담겨 있다.

초창기 윤리규범 제정 당시에는 의견수렴에 어려움을 겪었다. 그 이유는 도입 시점이 IMF 금융위기 직후라 경영환경이 어렵다는 점과, 시장점유율에서 3위였기에 오히려 윤리경영이 공격적인 마케팅에 타격을 입힐까 하는 염려 때문이었다.

그러나 신세계그룹은 1999년에 기업윤리 실천 사무국을 발족하고 윤리경영을 바탕으로 한 신 경영이념을 선포했다. 이는 윤리경영을 수행하지 않고는 글로벌 기업으로서의 혁신과 경쟁력을 갖출 수 없다는 최고 경영층의 판단에 따른 것이었다.

신세계 윤리경영에는 사원, 고객, 협력회사, 주주, 국가(사회)에 대한 구체적 지침이 명시되어 있는데, 특히 협력회사와의 상생경영은 오늘날 신세계그룹의 흉내 낼 수 없는 확고한 경쟁력으로 자리 잡았다. 협력회사에 대한 이들의 가치관은 "협력회사가 수준 높은 서비스를 유지할 수 있는 사업환경을 제공하여 공정하고 투명한 거래문화를 이룩한다."라는 말로 압축할 수 있다.

이를 위한 규정으로 "우리는 모든 협력회사에 평등한 기회를 보장하고, 우월적 지위를 이용하는 어떠한 형태의 부당행위도 하지 않으며, 공정한 거래를 통한 공동의 발전을 지향한다." "우리는 협력회사와 접촉 시 회사를 대표한다는 마음가짐으로 정중하면서도 공손한 태도로 임하여 존경과 신뢰를 받을 수 있도록 행동한다."라고 윤리강령에 명시하였다. 아울러 "우리는 상거래를 통하여 협력회사로부터 금품수수, 선물수수, 향응접대 등 부당한 이득을 취하거나 부도덕한 행위를 하지 않는다."라고 거래의 투명성을 엄격하게 못 박고 있다.

이를 제정하기 위해 국내 기업(삼성, LG, 한솔그룹)과 미국 기업(IBM, GE, HP) 등을 대상으로 윤리강령 및 가이드라인의 내용을 비교·분석하였다 한다. 특히 미국 기업의 경우 대부분 100년 이상 된 초우량 기업을 선정하였으며, 단순한 기업이익을 떠나 기업의 근본적 존재이유와 조직에서 없어서는 안 될 '기본 가치관'을 추구하는 그들의 이념을 신세계그룹 윤리경영의 바탕으로 삼았다.

이마트 협력업체 선정기준

구 분	내 용
신선식품	소량 공급이 가능한 친환경 식품. 주부에게 합당하게 받아들여지는 판매가격
가공식품	친환경 포장재 사용. 트랜스지방 감소 및 천연재료 사용 비율 향상 노력
생활용품	특허 보유 여부
가전·레포츠	신소재 이용 제품
패션	독자적 브랜드를 보유하고 있는 회사 제품
공통	윤리적인 경영과 사회공헌 활동에 적극적인 회사는 100점 만점에 10점 가산

신세계 이마트 직원의 명함을 보면 자주 눈에 띄는 문구가 있는데, 다름 아닌 "신세계 페이Shinsegae Pay로 하겠습니다."라는 것이다. IMF 금융위기가 대한민국을 휩쓸기 전까지 유통업은 '망하지 않는 사업'의 하나로 알려져 있었다. 매년 두 자릿수 이상의 고성장을 기록해 왔으며, 협력업체들은 배징을 유지히기만 하면 큰 수이을 올릴 수 있다고 생각했다. 따라서 유통업계의 일부 중소업체들은 상품 개발보다 바이어들과의 '좋은 관계 유지'에 더 많은 힘을 쏟았고 그런 과정에서 자연스럽게 뇌물이나 비리가 싹트기도 했다.

신세계그룹이 윤리경영을 선언한 배경에는 이런 비리를 근절하고 투명한 기업문화를 갖추어야 경쟁력을 가질 수 있다는 판단이 있었다. 신세계의 '페이 캠페인'은 한마디로 "자신의 몫은 자신이 계산하자."라는 것이다. 2005년 4월부터 사내외 공식·비공식 모임이나 업무 수행 과정에서 발생하는 모든 비용을 어느 한쪽에서 부담하는 관행에서 벗어나 자신의 몫은 자신이 지불하도록 했다. 그래야 수평적이고 투명한 조직문화를 만들 수 있다는 뜻으로, 협력사도 예외는 아니었다.

신세계는 '페이 캠페인'을 위해 행동지침까지 마련했는데 그 목적은 공사公私를 명확하게 구분하기 위함이었다. 그 내용을 살펴보면 '먼저 제안하고 실천하기', '공평하게 부담하기', '적은 금액이라도 나누어서 계산하기', '발생 시점에서 즉시 지불하기' 등이다. 특히 신세계는 '페이 등록 시스템'을 도입하여 부서나 개인이 사례를 공유한다. 또한 협력회사와의 식사에서 부득이하게 신세계 페이를 실천하지 못했으면 경리부에서 현금을 받아 안내문과 함께 협력회사에 비용을 송금하도록 한다.

캠페인 초기에는 내부 반발도 있었지만, 2006년 4월 실시된 캠페인 실천 1주년 설문조사에 의하면 직원들의 89%가 캠페인 취지에 공감하고 있었다고 한다. 시작은 불편하지만, 그 불편이 결국 이마트의 신뢰도를 높이는 결과를 가져왔던 것이다.

이런 캠페인 외에 이마트는 협력사와의 상생경영을 위해 신세계 네트워크

신세계 페이 홍보 전단지

론, 납품대금 결제기일 축소, 무반품 계약 제도, 중소기업 초청 박람회 개최, 지역사회와의 코마케팅Co-marketing 강화 등과 같은 제도를 실시하여 초일류 기업으로 가기 위한 든든한 기반을 다지고 있다. 여기서 잠깐 그 제도들의 내용을 살펴보자.

| 이마트 윤리경영을 위한 제도 |

● 신세계 네트워크론

신세계와 거래 관계를 유지하고 있는 중소기업이 신세계와 납품 계약을 체결하고, 해당 발주계약서를 담보로 기업은행에서 대출을 받고 향후 납품대금으로 대출금을 상환하는 제도이다. 이러한 제도는 중소기업의 자금에 영양제를 공급하는 것이나 다름없다. 신세계는 먼저 이마트 부문과 거래관계를 유지하고 있는 300여 개의 중소기업 위주로 연간 500억 원 규모로 시행되는 네트워크론을 점차 확대해 나갈 계획이라고 한다.

● 협력회사의 '납품대금 결제기일 축소'

윤리경영의 일환으로 2005년 1월부터 백화점과 이마트의 협력회사의 납품대금 결제기일을 최고 25일 앞당겨 지급하기로 했다. 이는 협력회사와의 공존공영을 몸소 실천하고 내수경기 위축으로 자금운영이 어려운 협력회사를 지원하기 위한 것이다. 이 제도를 통해

2000여 개의 협력회사가 연간 1조 4000억 원의 결제대금을 최고 25일 앞당겨 받을 수 있게 되었다. 반면 신세계가 부담하게 될 금융비용은 연간 약 31억 원에 이르지만, 협력업체가 없으면 이마트도 존재할 수 없다는 신념이 이 제도의 기반이 되고 있다.

● 무반품 계약 제도

2005년에 일부 부문에서 시범적으로 운영하였던 무반품 계약 제도를 직매입 형태로 매입하는 모든 협력회사의 상품으로 확대하여 운영했다. 이로써 할인점 상품 중 PB상품이나 신선식품, 가공식품, 생활용품 등 할인점이 직접 매입하여 판매하는 직매입 상품의 협력회사에 대한 반품이 전면 금지되었다.

● 중소기업 초청 박람회 개최

중소기업 초청 박람회는 경쟁력 있는 상품을 발굴하기 위해 이마트가 산업자원부와 중소기업청의 후원을 받아 1년에 2회에 걸쳐 개최하는 행사로, 농·수·축산지 생산자나 생산기반을 가지고 있는 제조기업 등 상품을 직접 생산하는 기업이면 누구나 지원할 수 있다. 박람회에 참가 접수를 한 기업은 서류 심사와 공장 심사, 전문가 평가 등을 거쳐 상품력이 입증되면 이마트에 즉시 입점하여 상품을 판매할 수 있다. 이마트 중소기업 초청 박람회는 중소기업의 판로를 확대할 수 있는 대표적인 행사로 자리를 잡고 있다.

　－1회 105개 중소기업 협력회사 확정

- 2회 85개 중소기업 협력회사 확정
- 3회 43개 중소기업 협력회사 확정

● 협력회사와 지역사회와의 코마케팅 강화

이마트는 협력회사와의 공동 대형 행사를 개최할 때 별도의 특설매장을 협력회사에 제공하고 이마트의 전단에 광고를 게재하는 등 협력회사 지원에 적극 나설 예정이다. 또한 이를 통해 매출액의 1%를 기금으로 조성, 결식아동에게 1년간 무료로 쌀을 공급하고 저소득층 모자 가정 돕기, 실종 아동 찾기, 소아암 어린이 돕기에 기부함으로써 사회공헌 활동에도 각별히 신경을 쓸 계획이다.

상생과 공존, 사회환원을 모토로 한 이마트는 지역사회의 공동 발전을 위해 2006년에는 지역 특산물(식품부문)을 1조원 이상 매입했으며, 향후 이마트 지역 특산물의 비율을 전체 매출의 20% 이상까지

지역특산물 전개 실적 (총 5회 개최 / 239억 매출실적)

행 사 명	행사기간	참여업체 수	매출실적
제주도 물산전	2005. 3. 17. ~ 3. 27.	45	37억
전라남도 물산전	2005. 6. 16. ~ 6. 26.	87	41억
경상북도 물산전	2005. 8. 11. ~ 8. 21	43	79억
부산경남 물산전	2005. 10. 30. ~ 11. 9.	30	27억
전라남도 물산전	2006. 6. 16. ~ 6. 25.	75	55억

올릴 계획을 잡고 있다.

신세계그룹은 한국경영자총협회, 전국경제인연합회, 대한상공회의소, 한국무역협회, 중소기업중앙회 등 다섯 개의 경제 단체가 공동 선정한 투명경영대상을 수상하였다. 이는 신세계그룹의 윤리경영이 협력회사와의 수평적 관계를 통한 상생경영으로서 하나의 결실을 맺은 증거라 여겨진다.

06 공동 제휴 마케팅, 적극적으로 손을 내밀라

신세계 이마트는 '메이커스 위크'라는, 협력업체와의 이벤트가 유독 많은 편이다.

그 목표는 전략적인 협력 관계를 구축하여 협력사는 매출증대, 시장점유율 확대, 고객인지도를 향상시키고 이마트는 매출과 이익을 증대하여 고객들에게 저렴한 가격으로 상품을 공급하는 것이다. 이것이 곧 고객, 협력회사, 이마트의 '삼위일체 원원전략'이다. 여기에 협력회사는 판매 금액의 1%를 결식아동 등 어려운 이웃에게 기증하여 '기업의 사회적 필요'를 충족시키고 있다.

● CJ 메이커스 위크

이마트와 CJ는 "CJ와 함께 즐거운 생활을 만들어보세요."라는 구호
아래 2006년 4월 13일부터 23일까지 11일간 이마트 전 지점에서 코
프로모션Co-Promotion을 진행했다. 100명 내외의 저소득층 가정의 어
린이에게 '천사들의 즐거운 세상 나들이'라는 슬로건으로 CJ 문화체
험을 갖게 하였고, '가족과 함께 즐기세요'라는 이벤트를 통해 즉석
복권 및 사은품을 증정하였다.

● P&G 메이커스 위크

이마트와 P&G는 2007년 1월 18일에서 28일까지 '○○○와 함께하
는 제6회 꽃들에게 희망을'이라는 슬로건으로 어린이 돕기 캠페인을
실시하였다. 그리고 이 행사 매출액의 일정 부분(2000만 원)을 어린이
성형수술비로 지원하였다.

　　이런 행사를 기획하고자 하는 근본적인 이유는 하나의 목적을 위
해 서로의 강점을 활용하여 윈윈하자는 것이다. 다시 말해 공동 마케
팅의 본래 목적으로 모든 마케팅 수단을 판매 단계로 이어가자는 의
도이다.

　　신세계 이마트는 협력사 외에도 각 분야의 1위 업체와 다양한 제
휴 마케팅을 펼치고 있는데, 그 대표적인 기업들이 바로 최대 커피

전문점 스타벅스, 패밀리레스토랑 아웃백스테이크하우스, 영화관 맥스무비, 그리고 교보문고와 영풍문고 등이다.

공동 마케팅의 유형

공동 마케팅은 제품/서비스 연구 ➡ 개발 ➡ 생산 ➡ 판매의 전 과정 혹은 그 이상의 과정에 공동으로 관여하고 참여하여 모든 업체가 서로의 이익을 증대시키려는 마케팅 활동이다. 그중에서도 경쟁관계의 업체일 경우는 공생 마케팅이라 하고, 참여업체가 서로 다른 업종일 경우는 하이브리드 마케팅이라고 한다.

1. 공생 마케팅Symbiotic marketing
흔히 경쟁관계에 있는 업체끼리의 제휴라는 의미에서 적과의 동침이라 한다. 신라호텔이나 인터콘티넨탈호텔이 발급한, 두 호텔을 동시에 사용할 수 있는 '더블 초이스 회원카드'가 대표적인 예이다.

2. 하이브리드 마케팅Hybrid marketing
참여하는 업체가 이종 업체일 경우에는 자신의 브랜드를 그대로 유지한다는 특색이 있다. 체인 서점 반즈앤노블과 커피전문점 스타벅스가 공동으로 마케팅을 전개했을 경우 개별 브랜드 이상의 마케팅 성과를 거둘 수 있다.

3. 공동 마케팅의 방법
- 광고배너 교환 마케팅 제휴
- 공동 브랜드 마케팅 제휴
- 파트너십(스폰서십 후원)
- 공동 이벤트 마케팅 제휴
- 회원 공유 마케팅 제휴

최근 신세계 이마트는 G마켓●(www.gmarket.co.kr)과의 제휴로 제휴 마케팅의 새로운 모델을 선보였다. 이는 '온라인 쇼핑몰과 오프라인 매장'의 결합이라는 이유로 주목받고 있다. 이번 제휴는 신선식품을 비롯해 가구, 의류, 화장품, 가전, 스포츠용품 등 이마트의 10여만 개의 상품을 G마켓에서 단독 카테고리로 판매한다는 취지로 이루어졌다. 이는 신세계 이마트의 다양한 마케팅 전략을 엿볼 수 있는 사례로도 인식되고 있다.

　　공동제휴 마케팅을 적극 이용하고 있는 신세계 이마트는, 상품의 연계성을 고려하고 상호 시너지 효과를 발휘하기 위해서 숍인숍Shop-in-Shop, 코너인코너Corner-in-Corner, 스토어인스토어Store-in-Store의 개념으로 MD를 구성하는 전략적 집객 변화를 모색하고 있다.

●G마켓 인터넷 쇼핑몰은 GS이숍, 롯데닷컴, 인터파크 등 이들 업체가 주관하여 상거래가 이루어지는 종합쇼핑몰과 예스24, 여인닷컴 등 독자적인 도메인에서 자체적으로 상품을 판매하는 독립 쇼핑몰이 있다. 아울러 옥션, G마켓 등은 사이버 공간에 장소만 제공해 주고 판매자가 입점하여 자유롭게 판매하는 오픈마켓이다. 최근 급부상하고 있는 G마켓은 후발주자임에도 불구하고 인터넷 쇼핑업체 최초로 2007년 상반기 거래액 1조 원을 돌파했고 이어 나스닥 상장과 함께 해외시장 진출을 선언했다.

문승배 (주)신금 전무

안심하고 먹을 수 있는 먹거리가
바로 윤리경영입니다

2005년 윤리경영 우수 실천 협력회사로 선정된 (주)신금은 신세계 백화점과 이마트에 샐러드 야채를 공급하는 특수작물 재배 회사이다. 일반 샐러드를 비롯하여 파프리카, 허브, 플라워 등 50여 종을 출시하고 있으며 향후 고객의 니즈에 따른 상품을 계속 개발할 예정이다. 현재 (주)신금은 이마트의 윤리경영을 '먹거리 문화'에 접목하여 종업원과 고객의 깊은 신뢰를 받고 있다.

서로 윈윈하는 상도의가 중요하죠

신금은 1983년에 과천에서 처음 사업을 시작했습니다. 백화점에 납품하기 시작한 것은 1989년 12월에 삼풍백화점이 오픈하면서부터입니다. 당시 두 개의 코너를 오픈했는데, 프레시 샐러드를 선택할 수 있는 매장이었습니다. 특이한 채소라는 입소문이 나 다른 백화점에도 입점하기로 했으며, 호텔과 비행기 기내식에도 납품하게 되었습니다. 그런데 이런 시장도 점차 레드오션이 되어갔고, 우리만의 블루오션 시장을 개척해 보자는 의견이 나왔습니다.

그때가 아마 2002년 3월이었던 것으로 기억합니다. 처음 아이템을 개발하여 3개월간 신세계 매입부와 경영진에게 프레젠테이션을 실시했는데 참 기발하다는 평가와 함께 또 한편으로는 과연 이런 상품이 팔릴 수 있겠느냐는 회의론도 있었습니다. 그때 전국에 이마트 점포가 50~60개 정도 있었는데 드디어 2002년 6월 14일, 수서점의 '에브리데이'에 입점하여 3개월간 판매 추이를 지켜봐달라고 이마트에 요청했습니다. 정말 고맙게도 이마트 측은 저희와의 약속을 지켜주었습니다.

처음 샐러드 야채가 모습을 드러냈을 때 고객들은 각종 야채들을 잘게 썰어 포장해 놓은 모습에 낯설어했습니다. 그러나 라이프스타일이 점점 빠르게 변하고 때마침 불어온 웰빙 바람으로 우리 시장에 생기가 돌기 시작했습니다. 아이템 자체가 특이하고 독보적이어

서 상품성만큼은 자신하고 있었죠. 열두 가지 아이템이었는데 대기업들이 우리 상품을 잡으려고 맹추격했지만 이미 길들여진 소비자의 입맛은 바꿀 수 없었습니다.

샐러드 시장의 60~70%를 우리가 점유하게 되자 바이어들이 욕심을 부려 우리에게 새로운 스타일을 개발할 것을 요구했습니다. 한 달에 두 개 정도의 상품을 계속 내놓게 되었고, 다품종 소량생산으로 방향을 바꿨습니다. 대신 개발비가 많이 투입되더군요. 그러나 우리가 공급하는 먹거리는 안전하게 그리고 최상으로 하자는 경영 마인드를 신세계 이마트가 높게 평가해 주었습니다.

만약 의도적으로 이런 것을 지키려고만 했다면 쉽지 않았을 겁니다. 이마트와 거래한 지 5년이 되어가지만, 이마트는 지속적인 관계를 맺으며 제조업체의 마진은 철저하게 인정해 주었습니다. 이젠 제품의 질과 가격을 믿고 맡길 정도로 신뢰가 쌓였습니다. 이마트에 해가 되면 우리에게도 해가 되는 것이 당연합니다. 공생공존의 관계인 것이죠. 그래서 우리는 이마트 매장에서 우리 제품의 신선도가 떨어진다는 연락이 오면 그냥 버리라고 합니다. 이것이 바로 상도의가 아니겠습니까?

현장직원에게 권한을 위임하라

미국 노드스트롬백화점 직원들의 핸드북에 제시된 첫 번째 규칙은 "모든 상황에서 스스로 최선의 판단을 하라."이다. 이 말은 복잡하고 관료적인 규칙 대신에 고객의 이익만을 생각하는 단 하나의 원칙을 정하고 나머지 사항은 직원들 스스로 결정하라는 뜻이다.

이마트는 현장 근무자에게 합리적인 책임을 부여하여 최선을 다해 고객을 만족시키는 현장 문제 해결 시스템을 운영하고 있다. 이 시스템은 점포 수익창출의 근원이 되는데, 여기에는 최상의 의사결정은 바로 현장 사원의 판단력에 달려 있다는 신념이 깔려 있다. 이것이 실제로 현장에서 이루어지기까지 그 배경에는 신세계 윤리경

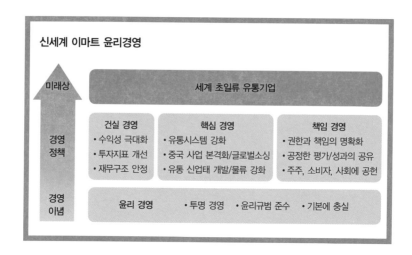

영, 더 나아가 책임경영에서 그 실마리를 찾을 수 있다.

신세계는 세계 초일류 유통기업이 되기 위한 '3대 경영정책'을 내놓았는데, 그 가운데 책임경영은 곧 새로운 기업문화를 만들 뿐 아니라 고객을 위한 최상의 서비스의 바탕이 된다. 아래의 글은 신세계의 책임경영 문화를 잘 보여준다.

"신세계는 신뢰를 바탕으로 과감한 권한 이양과 고객 접점이 영업 현장에서 최고 의사결정에 이르기까지, 각 경영 활동의 주체가 스스로 판단하여 행동하는 기업문화를 지향합니다. 그래서 각자 맡은 일의 마지막까지 책임을 지는 신세계인이 되고자 합니다."

그러나 신세계 이마트처럼 권한위임을 선포했다고 그것이 바로 실현되는 것은 아니다. 변화를 촉진시키고 노력해야 한다. 변화를 향한 강력한 의지가 구성원들에게 자발적인 권한위임과 책임감을 부여한다.

　권한위임은 현장에서 만나는 고객의 고품질, 저렴한 가격과 탁월한 서비스에 대한 기대에 부응하는 첫단계이다. 권한위임은 최첨단 기술이다. 이 기술은 회사가 찾고 있는 전략적 이익과 사람들이 찾고 있는 기회를 모두 제공한다.

　그러나 안타깝게도 권한위임 문화를 창조할 줄 아는 리더는 그다지 많지 않다. 왜일까? 그것은 일단 변화에 대한 거부감 때문이다. 유명한 소설가 존 스타인벡의 "늙어가면서 변화, 특히 향상을 위한 변화를 거부하는 것은 인간의 본성이다."라는 말처럼 변화는 언제나 반감을 동반하게 마련이다.

　그러나 우리가 명심해야 할 것은, 권한위임은 사람들로 하여금 더욱 발전하고 혁신하도록 자극하고 동기부여를 제공하기 때문에 지속적인 변화를 수반한다는 사실이다. 시어도어 루즈벨트는 "가장 유능한 리더는 하고자 하는 바를 수행하는 뛰어난 자질의 사람들을 발굴하는 감각을 지닌 사람이다. 또한 맡은 일을 수행하고 있을 때 간섭하지 않는 충분한 자기 절제력을 지닌 사람이다."라고 주장했다.

　그렇다면 성공적인 권한위임을 위해 거쳐야 할 단계는 무엇일까?

　첫째, 모든 사람과 정보를 공유하는 것이다. 정보 공유는 권한위임을 위한 과정에서 가장 중요한 단계로서, 구성원들에게 회사를 발전시키기 위해 그들의 지식 및 경험을 사용하도록 하는 동기를 부여한다. 따라서 구체적인 안건에 대해 데이터를 제공하고 손익계산서, 대차대조표 등을 공유하며, 그들이 수행하고 있는 업무의 결과와 어떤 관련이 있으며 권한위임의 이행이 어떻게 그러한 긍정적인 결과를 주는가를 제시하는 것이 중요하다.

둘째, 강제적 경계를 넘어선 능동적인 자율성을 조성한다. 권한위임의 경계는 사람들의 행위 및 결정 범위를 분명하게 한다. 이러한 경계선은 행동을 지시하고 사람들에게 책임감을 갖도록 한다. 따라서 능동적인 자율성을 유도함으로써 리더가 진정한 태도를 유지하고 구성원을 신뢰하고 있다는 자신감을 심어줘야 한다. 신뢰가 바탕이 된 권한을 위임받은 팀은 최상의 결과물을 만들어낸다.

신뢰가 바탕이 된 권한위임은 시시각각 끊임없이 변하는 소비자 요구에 대해 적절하고도 신속한 대응을 가능하게 하여 고객만족을 극대화할 뿐 아니라 수평적인 의사소통 체계를 구축함으로써 시급한 문제에 대한 의사결정이 보다 빨리 효율적으로 이뤄지게 한다. 더불어 그 결과에 대한 적절한 보상이 이뤄진다면 높은 책임감과 함께 업무와 회사에 대한 강한 애착이 뒤따를 것이다. 직원들의 애사심이 곧 고객의 서비스 향상으로 이어진다는 점을 명심해야 한다.

| 이마트의 인력구성과 권한위임 |

신세계 이마트 점포의 인력구성을 보면 정보 공유, 자율성 조성, 팀별 권한위임, 효율적 업무진행, 현장성 강화 등에 바탕을 두고 있음을 알 수 있다. 그 구조를 살펴보자. 점장 아래로 지원부서인 업무팀, 신선식품 등을 담당하는 MD1팀(팀장을 AMArea Manager이라고 호칭), 가공식품(데일리, 주류음료, 건강차, 대용차)·생활용품(일상용품, 주방용품, 홈패션)·문화용품(가전, 문화 관련 용품, 자동차용품)을 담당하는 MD2팀(팀장을 PMPark Manager이라고 호칭), 패션·스포츠용품을 담당하는 MD3(PM)팀이 있다.

이를 정리하면 점장-AM/PM-파트장 순으로, 고객 접점의 영업현장에 권한이 충분히 이양되어 있음을 짐작할 수 있다. 물론 점포별로 통합·축소되기도 하는데, MD2팀과 MD3팀을 통합하거나 업무팀이 축소되는 등 다양하게 점포 상황에 맞춰 변화를 준다.

신세계 이마트의 조직과 기능, 그리고 이에 따른 권한위임은 시시각각 끊임없이 변화는 소비자 요구에 적절하고도 신속하게 대응할 뿐 아니라 수평적인 의사소통 체계를 구축하여 시급한 문제에 대해 의사

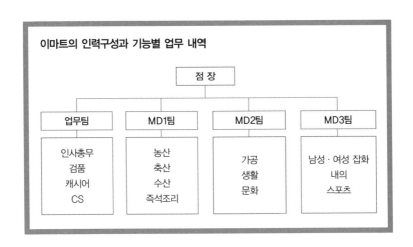

이마트의 인력구성과 기능별 업무 내역

점 장			
업무팀	MD1팀	MD2팀	MD3팀
인사총무 검품 캐시어 CS	농산 축산 수산 즉석조리	가공 생활 문화	남성·여성 잡화 내의 스포츠

결정을 빠르게 한다는 점과 업무에 대해 강한 애착과 도전적인 자세, 그리고 애사심을 높여준다는 측면에서 높게 평가받을 만하다.

| **기능별 업무 내역** |

● **인사총무**

　– 인사 업무 : 본사와 각 점포의 조직 및 인사영역(채용, 배치, 평가, 보상, 인사관리, 교육 등)에 대한 기획, 관리, 지원을 수행하는 업무 : 경영계획 수립, 점포 정·관리, 점포 인력 발령, 평가, 승격 및 PTPart timer의 채용 및 관리.

　– 총무 업무 : 본사와 각 점포의 구매 관리, 계약 관리 등 일반 총무, 법무, 안전활동 등을 총괄 : 사택 관리, 통신 관리, 각종 인허가 관리, 구매, 자산 관리, 안전예방 활동, 투자 및 보수 공사

● **검품 파트**

　– 매입된 상품의 검품·검수를 통해 정품·정량 여부를 확인한다. 판매 과정의 점검을 통해 상품 품질의 문제를 미연에 방지한다.

　– 검품·검수 : 점포에 입적되는 상품에 대한 검품·검수를 통해 고객에게 우수한 품질의 상품이 제공될 수 있도록 하고 점내 재고의 건전성을 확보한다.

　– 전표 관리 : 입점 상품과 동일한 내용의 납품확인서와 세금계산

서 발행을 통해 적시에 정확한 대금이 지불될 수 있도록 한다.

- 온라인몰 운영 : 온라인몰(이마트몰) 고객이 신청한 상품을 정확히 선별하여 안전하게 약속된 시점과 장소로 배송한다.
- 이관 관리 : 이관 대상 상품을 정확하고 안전하게 이관하고 재고 상의 변동 내역이 정확하게 데이터에 반영되도록 한다.
- 불량상품 관리 : 불량상품이 정상적인 절차와 경로로 폐기 및 처리되도록 하며 불량의 원인을 파악하여 동일한 사안이 발생되지 않도록 한다.
- 준법 관리 : 정기적인 점검·개선·교육 활동을 통해 합법적인 영업이 이루어질 수 있도록 한다.
- 재고 조사 : 지점 내 재고와 장부 재고의 정확성을 확인하고 부실 영역을 최소화하여 재고의 건전성을 확보한다.
- 데이터 관리 : 재고 관련 지표를 정기적으로 영업 관련자에게 피드백하고 지표의 개선 추이에 대한 관리를 통해 재고의 건전성을 유지한다.

● CS 파트
- 고객만족도 향상을 위하여 새로운 서비스를 개발하고, 현장에서 최적의 고객 서비스가 이뤄질 수 있도록 관리한다.
- CS 관리, CS 교육 및 모니터링을 평가한다.

● **캐시어 파트**

　－POS 계산 및 고객만족센터를 운영한다.

● **마케팅 파트**

　－본사와 각 점포의 마케팅 활동을 기획·지원·관리하고 광고홍보, CRM 활동을 수행한다.

● **출납 파트**

　－점포의 경리 업무, 본사와 각 점포의 회계결산, 회계감사 대응, 지불 및 출납과 각종 세무 처리 등을 담당한다.

● **기타 공통 업무**

　－상품과 매장관리를 중심으로 매입과 협력회사와의 협업을 통해 고객에게 최고의 상품과 서비스를 제공한다.

　－매출계획 수립 및 성과 관리, 상품 발주, 상품 진열 및 판매 관리를 한다. 재고 관리를 통해 상품의 직징 재고를 유지한다.

기업의 이익은 사회에 환원하라

현대사회는 심각한 환경오염, 자원부족, 빈부격차, 실업 등의 문제를 안고 있는데, 기업도 사회의 한 구성원으로서 이런 문제를 소홀히 해서는 안 되며, 이를 마케팅 측면에서 고려해야 한다.

예를 들어 주류회사의 경우, 술은 애주가들의 욕구를 훌륭하게 충족시켜 주는 좋은 상품이긴 하지만 과음은 소비자의 건강을 해칠 수 있다. 또한 빈병이나 종이팩 등의 포장이 환경문제를 야기할 수 있으므로 사회 전체의 이익과 소비자 욕구의 충족 사이에서 균형 잡힌 마케팅 의사결정을 하도록 요구받고 있다. 이것을 마케팅 개념으로 '기업의 사회적 책임', 즉 CSR Corporate Social Responsibility 이라고 한다. 이는

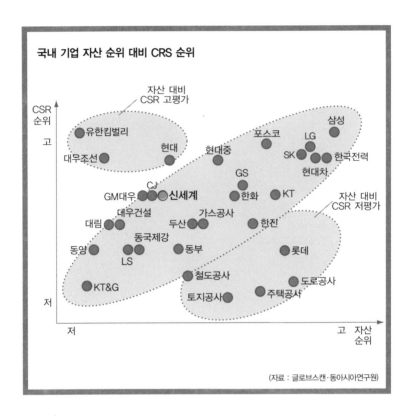

국내 기업 자산 순위 대비 CRS 순위

자산 대비 CSR 고평가

CSR 순위

고

유한킴벌리

대우조선

현대

삼성

포스코

LG

현대중

SK

한국전력

GS

현대차

CJ

GM대우

신세계

한화

KT

자산 대비 CSR 저평가

대우건설

대림

두산

가스공사

한진

동국제강

동양

동부

롯데

LS

철도공사

도로공사

KT&G

토지공사

주택공사

저

저

고 자산 순위

(자료 : 글로브스캔·동아시아연구원)

경제적 책임, 법적 책임, 윤리적 책임, 박애주의적 책임의 4단계로 구분된다.

신세계 이마트 가양점은 매월 수시로 어린이집이나 양로원 등에서 후드뱅크를 실시하고, 종교단체와 학교 그리고 부녀회 등 여성단체와 함께 기금 모금 바자회를, 강서구 장학회 회원들과 장학사업을 벌이고 있다. 또한 지역민을 위해 지역문화 탐방 행사와 의용 소방대 등의 활동을 하고 있으며, 독거노인과 무의탁 어린이집에 물품지

원 및 봉사활동을 전개하고 있다. 이 밖에 자라나는 어린이들의 균형잡힌 영양섭취를 위한 식생활 캠페인과 경제의식을 고취하기 위한 유치원생 바자회가 실시되고 있는데, 이들은 이마트의 사회공헌 활동의 목표와 그 방향을 가늠케 한다.

이마트는 총 340개(점포별 3.7개)의 사회봉사 단체 및 봉사 기관과 결연을 맺고 있다. 이 가운데 장애인 및 노인 복지기관이 총 188개로, 전체 활동의 절반이 넘는다. 그 봉사 내역으로는 말벗 되어주기, 주거 개선, 식사 보조, 생일잔치, 목욕 봉사 등이 있다. 또한 헌혈 캠페인, 사랑의 쌀 모으기 등 월별 윤리 테마 활동을 연계하여 진행하고 있다.

이마트 마일리지 적립을 통한 수익금을 지역사회에 환원하고 있다.

이마트는 유통업체로는 최초로 1998년부터 전 점포에서 기업 이익의 일부를 지역사회에 환원하는 지역단체 재원 지원 프로그램을 운영하고 있다. 이는 고객이 상품을 구입하고 받은 영수증을 돕고 싶은 단체를 지정하여 적립하면 구매액의 0.5%를 해당 지역단체나 학교, 복지시설 등에 지역단체 발전기금으로 지원하는 프로그램이다. 현재 지역단체 재원 지원 프로그램에 가입한 단체 수는 전국에서 총 7500여 개에 달한다고 한다.

이마트가 얼마나 적극적이고 지속적으로 기업의 이윤을 사회에 환원하였는지 그 소요된 예산과 특징에 대해 알아보자. 2006년 신세계 이마트의 사회공헌 비용은 경상이익 대비 약 1%로, 총 47억 8000만 원이다. 2000년 이후 약 다섯 배 이상의 증가폭을 보였다. 집행 분야는 기부기증 25억 7000원, 환경보호 15억 5000원, 사회 분야 3억 3000원, 근로봉사 2억 6000원 순으로 집계되었다.

신세계 이마트의 사회공헌 주요 실적(2006년)

구분	비용(백만)	횟수(회)	비고
근로봉사	266	1468	
사회문화	339	1588	임직원 1인당 연간
기부기증	2576	758	사회봉사활동 참여
환경보호	1555	1102	시간 : 5시간 51분
합계	4736	4916	

이마트는 이처럼 '사회적 필요'에 적극적으로 대응하고 있는데, 그 특징을 정리해 보면 다음과 같다.

첫째, 윤리경영과 연계하여 신세계 이마트 임직원들의 내부 공감대가 강하다. 지난 2005년 6월, 총 973명의 신세계 이마트 내부 직원을 대상으로 한 의식조사에서 직원의 81.3%가 사회공헌 및 기여에 긍정적으로 공감하는 것으로 나타났다. 이것이 신세계 이마트 윤리경영의 버팀목임은 두 말할 나위가 없다.

둘째, 전국 사업장을 최대한 활용하여 철저히 지역 친화적 봉사활동을 전개하고 있다. 전국에 분포된 점포를 중심으로 지역사회 특수성을 반영한 봉사활동 프로그램을 개발하고, 지역사회에서 필요로 하는 활동을 지속적으로 전개하고 있다. 지역구의 활성화가 곧 이마트 전체의 매출 상승에 영향을 미친다는 걸 이마트는 절감하고 있다.

셋째, 월별 이슈성 있는 전사적 공통 테마를 전 사업장에서 동시에 추진하는데, 이는 강한 응집력을 불러일으킨다. 그 예로 이마트는 헌혈 캠페인을 통해 임직원의 헌혈증을 매년 2500여 장씩 백혈병 소아암협회에 기증하고 있다. 이는 단일 기업으로서 최대 수량이라고 한다. 또한 사랑의 책 모으기를 통해 매년 1만 6000여 권의 책을 농어촌, 산간벽지, 섬마을 어린이를 위해 기증하고 있다.

넷째, 노사가 함께 기부문화 확산에 적극 노력하고 있다. 예를 들어 임직원이 자발적으로 후원금을 기부하면 회사도 개인 약정액과 동일하게 매월 기부하는 방식을 택한다. 개인이 기부의 중심이 되고 회사가 시스템적으로 기부문화를 지원하는 것이다. 현재 이마트에 근무하는 정규직원 열 명 중 여덟 명이 개인 기부 활동에 참여하고 있다.

마지막으로 자발적이고 자생적인 사회봉사 활동을 하고 있다. 이 마트는 각 사업장별로 자생적으로 만들어진 봉사단체 340여 개가 비영리단체 및 봉사기관과 연계하여 활동하고 있다. 그 예로 2003년부터 신세계 이마트는 기금 및 급식 봉사를 계속해 오고 있다.

결론적으로 신세계 이마트의 사회봉사 활동은 '지역사회 발전과 함께하는 가장 친근한 점포'로 자리매김하는 촉매제가 되었다. 이는 나아가 기업의 이미지를 높였을 뿐 아니라 임직원들에게도 긍지와 자부심을 심어주어 윤리경영을 실천하는 계기가 되었다는 점에서 박수를 받을 만하다. 어느 임원진이 "직원들이 자기 회사의 물건에 자신감이 없고, 자기 회사에 대한 이미지에 자긍심이 없으면 어떻게 일을 하겠느냐?"라고 말할 정도로 이마트는 구성원들 개개인의 긍지를 심어주는 것이 회사의 몫이라고 여기고 있다.

우수인재의 육성과 확보,
기업의 미래를 결정한다

09

고객을 왕처럼 받들어 성공한 기업이 있는가 하면 종업원을 왕처럼 대접해 성공한 기업이 있다.

최근 미국 경제지 〈포천〉이 2007년 미국에서 가장 일하기 좋은 기업 백 곳을 선정했다. 이 자료를 검토해 보면 지속적으로 성장하는 기업일수록 사람을 귀하게 여긴다는 사실을 확인할 수 있다. 일하기 좋은 기업체들 가운데 눈여겨볼 만한 업체로는 3위를 차지한 웨그먼 스푸드마켓을 빼놓을 수 없다. 이 업체는 뉴욕 주 로체스터에 본사를 둔 식료품 체인업체로, 1916년에 설립되어 현재까지 창립자 가문이 경영을 맡고 있으며 미국 전역에 71개의 매장을 보유하고 있다.

그런데 미국 내 쟁쟁한 기업들을 제치고 생소한 중소 규모의 식료품 체인업체가 미국에서 가장 일하기 좋은 직장으로 선정된 요인은 무엇일까? 그것은 단 하나, 고객보다 직원을 우선시한다는 점이다. 이 캐치프레이즈에는 시대를 역행하는 듯한 반역의 냄새가 풍긴다. 직원이 우선이고 그 다음이 고객이라니 언뜻 보기에는 납득이 가지 않을 수도 있다.

월마트나 타깃 등이 유사한 매장 구조와 상품진열대를 갖고 있는 반면 웨그먼스푸드마켓은 전문가 수준의 직원에 의해 관계를 맺는 소비자 밀착형 판매전략으로 고객에게 새로운 가치를 제공한다.

가령 소비자가 와인을 구입하려 하면 이 분야에 전문지식을 갖춘 도우미가 백 가지가 넘는 와인을 소개하고 상세한 설명도 해준다. 아울러 직원은 고객이 와인을 선택하도록 도움을 줄 뿐 아니라 그 와인에 맞는 비스킷이나 치즈도 추천해 주는 등 섬세하게 고객을 관리한다.

결국 이런 독특한 고객밀착 서비스 전략은 고객만족과 매출 확대로 자동적으로 연결된다. 1990년대 이후 미국 내 많은 식료품 체인들이 월마트 등의 가격인하 공세에 밀려 문을 닫는 상황에도 웨그먼스푸드마켓은 2006년 41억 달러의 실적을 거두며 승승장구했다.

웨그먼스푸드마켓 CEO 대니 웨그먼Danny Wegman은 "이익을 가져다줄 고객에게 최고의 서비스를 제공하려면 무엇보다 직원들부터 최고 수준으로 대우해야 한다."라고 말한다. 직원들이 자신이 하는 일에 즐거워하고 신바람이 나야만 고객들에게도 최대한의 서비스를 할 수 있다는 것이다. 즉 종업원들에게 급여와 복지혜택, 풍부한 자기계발 기회를 주는 등 '종업원 중시 전통'을 지켜온 기업만이 안정된 성공기반을 확고히 다질 수 있다는 의미이다.

이를 반영이나 하듯 웨그먼스푸드마켓은 교육훈련 등 직원들의 자기계발에 투자를 아끼지 않는 회사로 정평이 나 있다. 예를 들어 치즈를 전문으로 취급하는 직원에게는 스위스 낙농업 견학을 시켜주고 와인 담당 종업원에게는 프랑스 보르도 지방에서 현지 교육을 받게 해준다. 심지어 비정규직 아르바이트생들의 교육비까지 적극적으로 보조해 줄 정도라고 하니, 직원교육에 대해 그들이 쏟는 가치 투자가 놀라울 따름이다.

| 기업의 세 가지 마케팅 교육 현황 |

최근 글로벌 기업은 종업원을 최고의 고객으로 보고 그들에게 서비스 마인드나 고객 지향적 사고를 인식시켜 주기 위해(일명 내부 마케팅) 교육에 많은 비중을 할애한다. 신세계 이마트도 예외는 아니다. 신세계는 외부에서 '유통사관학교'라 부를 정도로 철저하게 전문성을 높이고 직책별 실무교육을 실시한다. 또한 전 구성원의 인성교육을 통해 조직문화를 구축하기 위해 세밀한 커리큘럼을 운영해오고 있다. 그 특성으로 세 가지를 정리할 수 있다.

첫째, '즐거운 일터 만들기'를 위한 전 구성원의 인성교육이다. 이는 판매사원 교육이나 통신교육, 그리고 전 교육 커리큘럼에 반영되

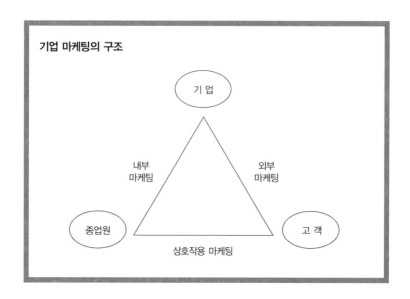

기업 마케팅의 구조

기업

내부
마케팅

외부
마케팅

종업원

고객

상호작용 마케팅

어 있는데, 공통 역량으로서 2007년도에는 '계층간 상호 이해하기'
과정을 개발하여 화합을 유도하는 커뮤니케이션 프로그램을 운영하
고 있다.

둘째, 전문성 강화이다. 고객 접점인 현장에서의 판매기법과 MD
전문가 육성을 통해 차별화를 더욱 공고히 한다. 2007년 MD 선문가
교육 체계도를 보면 패션, PL상품 등의 전문가 육성에 전력하고 있
음을 알 수 있다. 이마트 죽전점을 비롯하여 향후 PB 분야에서 새로
운 수익모델을 창출할 것으로 보인다.

마지막으로 현장 주도의 실무교육이다. 이는 특이하게 단품 관리,
발주 스킬 등 핵심 실무 분야의 우수자를 선발하여 사내 전문 강사로
활용하기 위함이다. 특히 통신교육이나 집합교육을 통해 직책별 보

수교육을 확대 운영하는 방식 등은 주목할 만하다.

2006년 신세계 이마트 교육자료를 보면 그룹 외에 자체 교육비와 과정 등이 결코 작지 않은 규모임을 알 수 있다. 아울러 2007년 판매 사원을 대상으로 한 프로그램과 교육체계를 보면 위에 언급된 요소들이 충분히 반영되어 있음은 물론 상당히 많은 시간을 외부 교육기관(정부지원 산학협력 프로그램)에 위탁하고 있다.

특히 독서 통신교육인 아미통의 경우 아홉 개 과정(필수/선택)으로 운영하고 있으며, 인성 및 직무역량을 높이고 어학, 인성, 고객 등 자기 주도형 교육을 선택 과정으로 진행하는 사이버교육도 인원, 장소, 시간 등 업종상의 문제를 극복할 교육 툴tool로서 적극 활용하고 있다.

결론적으로 신세계 이마트는 동종업체보다 월등한 보수체계는 물론 책임과 권한을 위임하고 이를 위한 전문적이고 세밀한 교육을 실시함으로써 미래의 성장엔진을 만들어가고 있다.

그렇다면 신세계 이마트는 어떤 과정을 통해 인재육성 체계를 세워갈까? 이마트는 크게 점포를 운영하는 판매 본부와 매입 업무를 담당하는 상품 본부로 나뉜다. 그리고 사원에서 부장까지 연차별로 공통 역량인 인성 부분을 강화하고 각 본부별로 직무역량을 높이는 과정을 이수하게 된다.

● **판매 본부(점포)**

점장 ➡ 점포팀장 ➡ 파트장 ➡ AM/PM 과정으로 세분화하여 각자 업무 역량에 맞는 양성 과정을 거친다. 가령 PM은 단품 관리, 발주, 선도 관리를, AM은 재고 관리, 다점포 OP, 친절 서비스를 교육받는다.

● **상품 본부(매입)**

매입팀장 ➡ 바이어 ➡ 컨트롤러로 나뉘며 직무 OJT 외에 적합한 업무 과정을 이수한다. 가령 바이어는 OJT와 상품개발, 협상 스킬, 해외 소싱, 효율관리 등의 4대 필수 테마 실무를 이수하고 MD 전문가 육성 과정을 통해 신新 트렌드 및 차별화된 MD를 모색한다.

이 밖에 전 판매사원은 1인당 연 2회, 5시간 정도 교육을 이수해야 한다. 인성(입사) ➡ 친절 서비스(3개월 이상) ➡ 판매기법(1년 이상) 등 단계적인 교육이 실시되며, 패션 분야에는 직무 6개월 미만이나 1년 이상 수행한 사원(SE사원이라 부른다)을 대상으로 매장관리 실무와 파워셀링 스킬 등 외부 전문가를 활용한 교육을 실시한다.

특히 이마트의 독자적인 통신교육 과정인 아미통과 사이버 교육은 직급별 인성교육은 물론 총 9~10개의 선택 과정을 자율적인 기준에 의해 운영하도록 지원하고 있다. 이들 교육과정은 철저하게 진도율 100%, 70점 이상 리포트 제출을 원칙으로 한다.

10

하이터치 하이테크, 환경변화를 주도하라

지금까지 할인점은 소매환경의 변화 속에서 구매기법과 점포 운영의 과학화로 저원가 경영 시스템을 실현하며 성장해 왔다. 이는 최저가격을 선택하는 '합리적 소비자'와 시스템에 의한 회전율 분석으로 설비된 선반(곤돌라) 진열 관리, 상품 카테고리 매니지먼트를 통한 '저원가 경영'을 말한다.

이러한 요소들이 태동에서 지금의 성장 단계까지 할인점을 이끌어온 원동력임은 말할 것도 없다. 그러나 최근 할인점의 공급과잉과 온라인 기반 소매기업의 급성장, 직접판매 형태의 네트워크 다단계 도입, 카테고리 킬러Category Killer●와 파워센터, 그리고 테마 쇼핑몰의

●**카테고리 킬러** 한 상품 카테고리 상품 분야를 전문 특화하고 보다 깊은 구색과 저가격 판매를 하는 스페셜티 스토어의 총칭. 그 분야의 다른 기업도 침몰시킬 만큼의 파워가 있다고 해서 킬러라는 이름이 붙었다.

웰빙 상품과 카테고리 상품을 구성한 매장.

진입 예고 등으로 인해 할인점의 핵심가치가 '감각'과 '과학'으로 급속도로 양분되고 있다.

이마트는 이러한 할인점의 핵심가치로 '감성이 담긴 과학화'를 지향하고 있다. 현재 자양점에는 서섬에나 있을 법한 '와인 검색 단말기'가 설치되어 있어 500여 종이 넘는 각종 와인 정보들 가운데 고객이 필요한 정보를 검색할 수 있게 되어 있다. 이는 과거 '가격파괴'의 영업전략을 뛰어넘어 소비자에게 맞춤정보를 제공하여 구매욕구를 자극하고자 하는 하이테크High Tech 전략임이 틀림없다. 또한 고객이 자주 먹으면서도 알지 못했던 식품의 모형(소채반)을 설치하였으며, 과거 고객의 동선을 따라갔던 조명도 상품을 집중적으로 부각시키도록 바꾸는 등 색다른 변신을 모색하고 있다.

차세대형 할인점으로 평가받는 죽전점은 기존의 할인점과 달리 MD, 집기, 인테리어, 점포 외관까지 전혀 다른 복합매장(카테고리 킬러형 매장＋테마형 전문매장)으로 탈바꿈했다. 생필품 등 가격 지향형 상품은 철저히 최저가로 유지하되 비가격 경쟁품은 프리미엄급 상품을 추가하여 '새로운 생활가치 제안형 매장'으로 주목받고 있다. 그 특징으로 꼽히고 있는 백화점식 점포 외관, 화려하면서 차분한 컬러 분위기, 친환경 야외 테라스, 선진국형 집기와 조명시설 등은 할인점의 환경 변화를 주도하는 이마트의 21세기형 모델이라 할 수 있다.

이 가운데 간과할 수 없는 점은 고객을 자극할 만한 체험요소가 가미되어 있다는 사실이다. 그 예로 어린이 전문용품 매장(의류, 문구, 팬시, 게임기 등)인 키즈파크Kid's Park에는 20평 규모의 마술용품 코너를 마련하여 아동이 직접 마술을 해볼 수 있게끔 '체험형 쇼핑 매장'이 구성되어 있다. 또한 고가의 대형 프리미엄 가전제품에서 실속형

하이터치 하이테크의 두 가지 활동

● 감각적인 소매 활동 : 즐거움, 교육, 여가활동 등을 통한 고객의 감각적인 체험을 구매활동과 연결시킨다. 따라서 시설, 상품, 브랜드, 고객 서비스 요소를 강화할 필요가 있다.

● 과학적인 소매 활동 : 온라인을 통한 고객체험과 분석, 점포 규모 등으로 고객을 자극하여 점포 운영이나 포맷을 통해 저원가 경영에 직접적인 영향을 미친다.

이마트의 대표적인 카테고리 킬러형 매장인 스포츠 빅텐

가전제품까지 국내외 모든 가전제품을 총망라한 디지털 월드에는
컴퓨터와 MP3, 디지털카메라, 휴대폰 등 각종 디지털 기기를 고객
이 직접 연결하여 쓰고 제품의 편리성과 활용성을 경험할 수 있게 해
놓았다. 이를 이른바 '디지털존'이라고 한다. 그 외에 웰빙과 실버문
화를 위해서 건강체험 진문매장을 구성하여 고령화 시대에 삶의 질
을 향상시킬 라이프스타일을 제안하고 있다.

　유통 소매업의 경쟁력은 고객의 감각적이고 과학적인 소매활동에
의해 성패가 결정되는 것이 당연하다. 그러나 그 관건은 고객에 대한
자극 요소stimulative factor를 누가 더 많이 보유하느냐이다. 따라서 신
세계 이마트의 3, 4대 형태라 할 수 있는 '미래형 할인점'은 유통과
소비, 그리고 매장의 새로운 패러다임으로 우리에게 다가올 것이다.

직원과의 화합은 물론,
소리 없이 봉사하는 기쁨으로

우수 사원답게 눈빛이 선한 유세종 신세계 이마트 수서점 파트장
은, 일과 함께 봉사활동에도 관심이 많을 뿐 아니라 항상 감사하는 마
음을 지니고 있는 사람으로 보였다. 그는 특히 직원들 간의 인화가 너
무 즐겁다고 한다. 그는 자녀가 자기처럼 이마트에 입사한다면 두 손
들어 환영하겠노라며 흔쾌히 자신의 애사심을 밝혔다.

복지제도가 직원의 사기를 높입니다

올해로 근무 8년째가 되어갑니다. 내가 이마트의 직원이어서가 아니라 객관적으로 판단해도 이마트는 아주 자유롭습니다. 물론 여느 회사가 그러하듯 회사에는 정해진 시스템이 있습니다. 그렇지만 그 시스템 안에서 스스로 자유롭게 업무를 구성할 수 있는 관리가 되고 있지요. 물론 일이 힘들 때도 있지만 쉬는 날에는 개인적으로 봉사활동을 합니다.

유통업계 1위의 회사를 다닌다는 것도 좋지만 내부적으로 정규직, 비정규직에 대한 구분이 딱히 없다는 점도 좋습니다. 단지 근무 시간의 차이만 있을 뿐 혜택과 권리는 비슷합니다. 복리후생도 마찬가지고요. 이러한 복지제도가 직원들의 사기를 높이는 것 같습니다.

사실 직원 입장에서 회사의 윤리경영이 어색할 때도 있었습니다. 그런데 이제는 오히려 그런 제도가 유통업체에서 있을 수 있는 금품수수나 뇌물 등을 차단하는 효과를 준다는 것을 알게 되었습니다. 이것이 우리를 편안하게 해줍니다.

특히 수서점은 강남권의 외곽에 있는 곳이라 장애인 아파트도 있고 오피스텔도 많습니다. 그러다 보니 직원들은 각별히 신선식품에 대한 고객들의 니즈에 부응해야 한다는 생각을 많이 합니다. 고객들이 말하기 전에 먼저 알아차려야 하는 거죠. 직원들이 일과 회사에 대한 애사심이 없다면 거의 불가능한 일입니다. 물론 그 바탕에는 회사의 윤리경영과 복리제도가 뒷받침되어야 하겠죠.

타 유통업체에 근무하는 친구들이 우릴 많이 부러워합니다. 저도 좋은 회사에 다닌다는 자부심이 있습니다. 변화도 있고 적당한 긴장감도 흐릅니다. 매장 간의 경쟁도 있지만 그것이 활력을 주기도 합니다. 간혹 동료들과 동호회 모임을 갖는데, 회사에서 50% 정도를 지원해 줍니다. 그렇게 서로 친하게 지내고 스트레스도 풉니다. 아르바이트 학생 가운데 기간을 연장하는 친구들이 많은데 그만큼 회사가 일할 맛을 준다는 의미겠죠.

Chapter 5

●

이마트의 미래, 우리는 끊임없이 도전한다

01 글로벌 초일류 기업을 향하여

우리는 지금까지 '이마트'를 대한민국 할인점 업계의 선두 주자로 받아들이는 데 별다른 이의를 달지 않았다.

　명성에 걸맞은 선도적인 마케팅 전략과 고객관리, 끊임없는 연구, 시행착오로 마련된 시스템, 그리고 윤리경영에 따른 확고한 이미지 구축 등이 지금의 이마트를 만들었다. 이 시점에서 던져도 무방할 질문이 하나 있다. 그렇다면 이마트는 글로벌 시대의 초일류 기업world-class organization으로 비상할 수 있겠는가? 유통산업의 IBM, GE가 될 수 있겠는가?

　초일류 기업이란 모든 분야는 아니지만 기업의 전략적 핵심 분야에서는 세계 최고의 경쟁력을 갖춘 기업을 말한다. 초일류 기업이라는 목표를 달성하기 위해서는 고객의 욕구와 현재, 그리고 미래에 있을 기업의 내외부 환경을 구체적으로 파악하고 이를 충족할 만한 기업전략을 수립해야 한다.

세계적인 유통기업인 월마트가 한국 철수를 결정하고 이마트에 매각하게 된 배경에는 이마트가 자신들의 명성을 유지하고 관리할 수 있는 기업이라는 판단이 있었다고 전문가들은 입을 모은다. 먼저 이마트는 한국 기업이 가지고 있는 약점을 대부분 보완하였다. 그리고 한국적인 월등한 시스템과 투명성, 신속한 결정, 사회적인 책임, 혁신적인 아이디어 창출을 보여주었다.

이런 초일류 기업의 핵심인자가 이마트를 1등 브랜드로 만들고 있다. 이제 대한민국 1등 브랜드 이마트와 글로벌 초일류 기업의 특성을 서로 비교하여 분석해 보자.

| 글로벌 시대에 초일류 기업이 갖추어야 할 특징 |

● 초일류 경영자와 종업원

초일류 기업은 경영자의 창조적인 리더십에 의해 노사참여가 적극적으로 이루어지고 기업의 미래를 공유함으로써 기업의 성공을 보장받을 수 있도록 구성되어야 한다.

이마트는 일찍이 할인점의 핵심요소인 EDLP를 지속적으로 추진하면서 그 본질을 유지할 여러 시스템을 실험, 가동해 왔다. 사업 초기인 1996년부터 세워진 물류센터가 바로 그런 예라 할 수 있다. 상품의 조건에 따라 분리되어 효율적으로 운영되는 한국형 물류센터는 경영진의 미래를 보는 안목과 과감한 리더십이 아니고서는 불가능한 일이었다.

● 고객지상주의 경영

단순히 고객의 기대 수준에 부응하는 제품이나 서비스를 제공하여 고객을 만족시키는 차원을 넘어서 고객이 전혀 기대하지 못했던 가치를 제공함으로써 기쁨을 주는 것을 최고의 경영 목표로 설정해야 한다.

이마트는 최근 4세대형 할인점 시대를 열고 고급화된 쇼핑 환경을 제공하고 있다. 자양점에 설치된 광역 생산 이력체크 시스템이나 와인 키오스크 단말기나 백화점에서나 볼 수 있는 전문테마숍, 해외수입 멀티숍은 할인점으로서는 상상하기 어려운 이미지 변화요 문화가치이다. 이는 곧 고객지상주의의 한 모델임은 두 말할 필요도 없다.

● 가치창조를 위한 장기 전략

고객의 가치창조adding value를 위해 5년 이상의 장기 전략을 수립해야 한다. 이러한 계획은 가치창조에 필요한 지식, 수단, 프로세스, 핵심 역량, 그리고 기술 등을 보유함으로써 실제로 시행될 수 있다.

이마트의 세대별 MD 구성을 보면 이마트가 얼마나 고객의 가치창조를 위해 전력해 왔는지 알 수 있다. 창고형 할인점(1세대)을 지나 한국형 할인점(2세대), 복합형 할인점(3세대), 그리고 2007년부터 운영되고 있는 프리미엄 할인점(4세대)은 고객의 필요와 가치창조가 반영된 이마트만의 전략이라 할 수 있다.

● 수평적 조직구조와 프로세스 중심의 힘

기업 전체를 통해 고객의 욕구를 파악하고 보다 나은 제품과 서비스를 신속하게 공급하기 위해 수평적 조직구조와 프로세스 중심의 팀을 활용해야 한다.

이마트의 정보 시스템과 조직력은 철저하게 고객의 욕구와 필요에 맞추어져 있다. 현장에서 고객이 선호하는 상품을 즉시 발주할 수 있는 GOT 발주 시스템이나 현장 중심의 조직체계가 바로 그것이다.

● 프로세스의 효과적인 관리와 통제

조직 자체보다는 프로세스의 효과적인 관리와 통제를 위해 기업의 의사결정이 가급적 하부구조에서 신속하게 이루어질 수 있도록 유도해야 한다.

이마트는 신뢰를 바탕으로 과감한 권한위임과, 고객과의 접점인 영업현장에서 최고 의사결정에 이르기까지 각 단계가 모두 경영활동의 주체가 되어 판단하여 행동하는 기업문화를 지향한다. 즉 관료적이고 규칙적인 프로세스를 철저히 배제한다.

● 업무와 프로세스의 단순화 및 표준화

업무의 중복과 지연 그리고 시간 낭비를 최소화하기 위해 리스트럭처링restructuring 및 리엔지니어링reengineering 등의 혁신적인 경영기법을 통해 끊임없이 프로세스를 단순화하고 표준화해야 한다. 아울러 이러한 혁신이 이루어진 다음에는 계속적으로 점진적 개선을 추구해야 한다.

이마트는 할인점 업계에서 처음으로 3S를 실행하였다. 그 요지는 간단하고 쉽게 표준화하여 관리 및 업무의 효율성을 기하자는 것이다. 그들은 해외 유명 할인점의 경영기법을 벤치마킹하거나 컨설턴트를 통해 점진적으로 개발시켜 나갔다고 한다.

● 창조적인 인간관리

인적자원을 기업의 가장 중요한 자원으로 인식해야 한다. 따라서 기업은 종업원 개개인이 기업 내에서 성장하고 공헌할 수 있도록 적재적소에 배치하고, 인적자질을 개발함은 물론 업무가 능률적으로 이루어질 수 있도록 동기를 부여해야 한다. 노보로라는 제품 제인 제도를 실시하고 있는데, 제안에 대한 제품 반영률이 60%에도 못 미치지만 직원들은 꾸준히 더 많은 제안을 하고 있다. 이는 직원들의 창조적 의견에 벽을 두지 않기 위해서다.

이마트는 사원 존중, 인재발굴과 양성, 사명 완수, 예절 준수, 공정하고 합리적인 인사정책 등 사원 존중 경영을 수행하고 있다. 여기에는 사원들이 열정과 집념으로 업무에 전념할 수 있도록 하겠다는 경영진의 의지와 배려가 담겨 있다. 더불어 학연, 지연 등 파벌주의를 배제하고 오로지 업무능력을 배가시키기 위해 투명하게 인사관리를 한다는 점도 주목할 만하다.

● 제휴를 통한 다양한 서비스 제공

기업의 다양한 서비스를 위해 제휴나 공동마케팅을 수행하고 고객에게 보다 포괄적인 접근을 시도한다. 아울러 차별화되고 특이한 혜택을 제공하려고 노력한다. 이마트는 메이커스 위크라는 협력업체와의 이벤트를 통해 매출증대와 시장점유를 확대하며 고객인지도를 높이기 위해 최선을 다하고 있다. 따라서 이마트와 고객, 협력사가 윈윈할 수 있는 협력모델을 구축하고 있다는 점에서 시사하는 바가 크다.

● 품질에 대한 공유

제품과 서비스에 대한 품질은 노사 모두의 책임으로 인식되어야 한다. 따라서 품질경영TQM이나 품질보증quality assurance 프로그램은 끊

진열 기한 표시제를 통해서 상품의 신선도를 알리고 있다.

과일은 매일 당도를 표시하여 소비자에게 신뢰를 준다.

임없는 품질개선 노력을 가속화시키기 위해 효과적으로 활용되어야
한다.

이마트는 업계 최초로 최저가격 신고보상제, 품질 불량 상품 보상
제, 계산착오 보상제, 약속 불이행 보상제 등 고객만족 서비스 제도
를 개발하여 운영하고 있다. 특히 신선식품의 경우 당일 상품 당일
판매제나 진열 기한 표시제, 당도 관리 표시제 등 품질보증 프로그램
에 많은 투자를 하고 있다.

● **끊임없이 배우는 조직**

새로운 아이디어와 접근 방법을 통해 새로운 시도를 하는 끊임없이

배우는 조직이어야 한다. 또한 스스로 정보기술을 통해 지적 능력을 갖추고 스스로 판단하고 의사결정을 할 수 있는 지능조직intelligent organization이 되어야 한다. 또한 종업원의 보상과 승진은 연공서열보다 실질적인 공헌도에 기초하여 이루어져야 한다.

이마트에는 '유통사관학교'로 불리는 신세계그룹의 우수한 유통인력이 포진되어 있으며 직급별, 직무별 등 차별화된 전문교육을 실시하고 있다. 더불어 매출 파악은 물론 상품 매입에서 물류 재고 관리까지 영업 전반을 총괄하는 최첨단 시스템을 운영할 지능조직에 몰두하고 있다. 종업원의 보상과 승진은 책임경영이라는 명제 속에 공정한 평가와 성과의 공유라 명시하고 이를 철저히 실천하고 있어 타 업계의 벤치마킹 대상이 되고 있다.

● 인간존중의 경영과 기업윤리

기업 내부고객의 중요성을 인식해야 한다. 외부고객과 기업의 성공을 위해 일하는 모든 구성원은 남녀노소와 직책에 관계없이 모두 중요하며, 이들 모두는 동일한 존경의 대상이 되어야 함을 인식해야 한다. 그리고 이러한 인간존중의 기업문화가 노사 모두의 가치관으로 뿌리 내려야 한다. 아울러 기업은 가정과 사회, 그리고 환경에 대한 책임과 윤리의식을 가지고 있어야 한다. 이마트의 윤리경영을 제정하기 위해 삼성, LG 등의 기업과 IBM, GE 등 100년 초우량 기업을 참조하여 가이드라인을 설정하였는데 그 축은 고객, 협력사, 사원, 주주였다고 한다.

● 첨단기술의 활용

기업의 프로세스와 활동을 통합, 분리, 조정 또는 재설계하기 위해 첨단 정보통신기술을 효과적으로 활용해야 한다. 초일류 기업의 중요한 기둥이 되는 고객중심 경영, 유연한 조직체, 창조적인 인적관리, 끊임없는 개선 등은 첨단기술의 활용에 의해 가능하다.

이마트는 첨단정보 및 물류 시스템을 구축하여 가시적인 수익증대로 연결하였다. 즉 통합 EDI 시스템 개발을 완료하고 1500여 개 협력업체와 전 거래 과정을 인터넷으로 처리하는 기업 간 전자상거래를 실시하였으며, 물류비용의 최소화 및 JIT Just in Time● 상품 공급을 위해 용인, 대구 등에 이마트 전용 물류센터를 세웠다. 특히 경기도 광주에는 식품 유통센터를 보유하여 수만 톤의 신선식품을 보관·분류·가공해 각 점포에 당일 공급하고 있다.

비록 외국의 초일류 기업처럼 한 세기라는 오랜 기간을 거치지는 않았지만, 이마트의 초일류 기업으로서의 핵심인자는 위에서 살펴보았듯 엄존함을 부정할 수 없다. 다만 이런 요소들을 중단 없이 발전시키고 확장시켜 세계 유수 회사와 경쟁할 수 있는 대외 경쟁력을 키우는 것이 무엇보다 중요하다.

또 하나, 이마트는 향후 글로벌화된 시각을 갖춤은 물론 글로벌 시장에서 공정한 경쟁을 통해 초일류가 되어야 한다는 관점에서 비전과 목표를 설정해야 할 것이다.

●**JIT** 입하재료를 재고로 두지 않고 그대로 사용하는 상품 관리 방식. 재고를 0으로 하여 재고비용을 극단적으로 압축하려는 것으로, 재료가 제조라인에 투입될 때에 맞추어 납품업자로부터 반입되는 이상적인 상태에 접근하려는 방식이다.

선택과 집중, 중국 대평원을 장악하라

2005년 11월 20일, 기업들의 성공 이야기를 다룬 KBS1 TV 〈신화창조〉에 이마트의 성공 스토리가 공개됐다.

40~50분 정도 방영된 이 프로그램은 할인점이라는 개념이 한국에 없었을 때 유통시장에서 새로운 경쟁력을 찾기 위해 마트라는 신개념을 도입했던 이마트의 탄생부터, 글로벌 유통 공룡인 월마트와의 숨막히는 경쟁 이야기, 한국을 넘어 중국 시장 개척에 나서고 있는 이마트의 경쟁력을 방송했다.

2년여의 준비 끝에 마침내 중국 1호점인 상하이점이 문을 열었다. 황무지나 다름없는 중국땅에 발을 딛는 운명의 날. 개점 시간이 임박해 올수록 중국 땅에서 첫 손님을 맞이하는 사람들의 손길은 분주해졌다. 이마트는 쉽게, 싸게 사고 이익을 얻는다는 뜻의 '이마이더'라는 중국식 이름을 짓고 매장의 직원들을 전부 중국 현지인 중심으로 구성했다. 중국 소비자들에게 좀 더 쉽고 편안하게 다가가기 위한 노력의 산물이었다. 잠시 후 이마트 중국 진출 첫 포문이 열렸다. 문이 채 열리기도 전에 중국 소비자들이 매장 안으로 몰려 들어왔다. 기대 이상의 호응이었다. 개점 3시간 후 더 이상의 인원을 수용할 수 없는 한계에 이르렀다. 소비자들의 안전을 위해 갓 개장한 매장 문을 다시 닫아야 하는 상황이 발생한 것이다. 이마트의 중국 진출은 이렇게 대성공이었다.

시나리오대로 이마트의 중국 진출은 성공적으로 보인다. 한국에서처럼 그들은 또 하나의 신화를 창조한 것이다. 이런 결과를 얻기까지 이마트의 가공할 만한 진출 전략과 노력은 재평가받아 마땅하다.

중국 시장 진출은 이마트의 입장에서 보면 해외 진출 전략의 중요한 시금석이 될 수 있는데, 경영진과의 인터뷰 가운데 이 부분이 거론되었다. 그렇다면 과연 이마트는 중국 진출의 성공을 기점으로 세계로 뻗어나갈 수 있을 것인가 하는 것이었다. 그들이 명시한 대로 '세계 초일류 유통기업'으로 한걸음 한걸음 나아갈 것인가? 이 질문에 대해 구학서 신세계그룹 부회장은 '선택과 집중'이라는 마케팅 트렌드로 이마트 해외 전략의 속내를 비춰 보였다.

이는 과거 IMF 금융위기 시 백화점에서 할인점으로 주력사업을 과감히 전환하여 공격적인 투자를 통해 유통업계에서 부동의 1위 자리를 획득했듯 일단 중국 시장에서 확실하게 기반을 다져 해외시장 진출의 교두보를 마련하겠다는 의지로 해석된다.

세계 유통산업의 각축장이 된 중국 시장에서 이마트의 지금과 같은 자리매김은 그리 쉬운 일이 아니었다. 한국에서 이미 경쟁 파트너였던 월마트와 까르푸가 중국 정부의 규제완화 정책에 맞춰 몸집을 불리고 있어 이마트로서는 다시 한 번 대격전을 치러야만 했다. 문제는 어떤 전략으로 중국인에게 다가서느냐는 것이었는데 그 해법은 한국형 할인점 형태를 기반으로 한 철저한 현지화 전략에 있었다.

물론 시행착오도 있었다. 초창기에는 중국 소비자들도 한국 소비자와 같이 깔끔하게 포장된 신선식품을 선호할 거라 예상했지만 결과는 정반대였다. 이리저리 만져만 볼 뿐 사는 사람이 없었다. 한국 같으면 날개 돋친 듯 팔렸을 상품들이 이렇게 외면당할 줄은 생각조차 못했다.

그들이 비싼 수업료를 치르고 깨달은 것은 한국인과 다른 쇼핑 습관을 이해하지 않고는 중국에서 입지를 굳힐 수 없다는 것이었다. 진정 중국 소비자를 위한 현지화 전략은 무엇인지 조사에 조사를 거듭한 후에 이마트가 내놓은 전략은 다양한 음식문화를 가진 중국인들에게 자라와 같이 살아 있는 식재료를 파는 것이었다. 누가 이마트 상하이 1호점의 히트상품이 '자라'라는 걸 상상이나 했겠는가!

1호점을 개점한 후 여러 번의 시행착오를 거쳐 그들은 재공략에 돌입하기로 마음을 다잡는다. 이마트가 2호점을 준비하던 당시 상하이에는 이미 90여 개의 할인점이 자리를 잡고 있었다.

총칼 없는 전쟁터로 나가기 위해 실무진들은 상하이행 비행기에 몸을 실었다. 도착 후 2호점으로 적합한 부지를 찾았으나, 그곳은 이미 월마트와 사전 협의가 끝난 상태였다. 그러나 그대로 물러설 수 없었다. 2호점 부지 개발권을 갖고 있는 홍콩의 부동산 업체 서안그룹 관계자를 국내로 초청하여 이마트의 운영전략, 판매되고 있는 상품 등 국내 1위 할인점의 저력을 충분히 보여주었다.

드디어 2002년 11월, 이마트는 현지 유통업체인 쭈바이그룹과 합자체결을 갖고 본격적으로 중국 재공략에 나섰다. 1호점을 연 지 7년 만의 쾌거였다. 이마트는 지난 7년 동안 중국 시민들의 쇼핑 습관을 철저히 분석한 결과를 통해 변화를 시도하는 한편, 중국 소비자들의 편의를 위해 무료로 버스를 운행하는 등 고객서비스를 더 강화했다. 또한 중국인의 주요 교통수단인 자전거 전용 주차장을 마련하고 무상 수리 서비스 및 구매고객에게 무료 세차 서비스까지 제공했다.

신세계 이마트는 1997년 국내 유통기업으로는 최초로 취양점을 오픈한 것을 시작으로 중국 유통시장으로 뛰어든 후 현재까지 상하이 6개점, 텐진 2개점 등 총 8개 점포를 운영 중이다. 이마트는 10년 간 총 500억 원 정도 투자했으며 2010년까지 2000억 원 정도로 투자를 확대하여 2012년까지는 항저우, 우시, 쿤산, 짜싱 등 총 50~60개 점포로 확장할 계획이라고 한다.

중국 이마트는 한국 제조업체의 중국 진출을 돕는 징검다리 역할

중국 이마트 연도별 점포 추이

구분	1997년	1998년	1999년	2000년	2001년	2002년	2003년	2004년	2005년	2006년
매출액(억원)	360	495	430	440	450	440	430	600	998	2187
점포 수	1	1	1	1	1	1	1	2	4	7

중국 이마트 점포 출점 현황

점포명	오픈일	매장규모
취양曲陽점	1997. 2. 1.	5620 ㎡(지상 1층)
루이홍瑞虹점	2004. 6. 29.	7603 ㎡ (지하 1~2층)
인뚜銀都점	2005. 3. 26.	1만5868 ㎡ (지상 1~3층)
아오청奧城점	2005.11.17.	1만1967 ㎡ (지상 2~3층)
탕구塘沽점	2006. 1. 20.	1만96 ㎡ (지상 2~3층)
무단장牡丹江점	2006. 3. 29.	1만740 ㎡ (지상 1~3층)
산린山林점	2006. 5. 12.	1만5339 ㎡ (지상 1~3층)
라오시먼老西門점	2007. 8. 30.	6519 ㎡ (지하 1~지상 1층)

을 하여 유통업과 제조업체의 동반 성장에 힘을 주고 있다. 중간 수입상을 통해 유통되던 한국 상품 중 250~300개를 직접 구입, 판매 가격을 낮추어 소비자들에게 선보일 계획이라고 한다. 실제로 작년 하반기에 두산의 '처음처럼', 동원의 참치 통조림 캔, 조미김 등 25

개 품목을 직수입해 상하이에 있는 다섯 개 점포에서 판매함으로써 판매가를 20% 낮추고 이익률은 10~25% 포인트 높였다.

그렇다면 이마트의 중국 사업은 목표대로 투자한 만큼의 성장가도를 달릴 수 있을까? 중국은 2008년 베이징올림픽과 2010년 상하이엑스포를 앞두고 매년 7~9%씩 소비가 급상승한 만큼 다국적 기업의 경쟁은 더욱 치열해질 것이란 전망이다. 단순히 호기심을 자극하는 신상품이나 차별화된 전단과 시각적인 광고, POS 시스템의 효율적 운영만으로는 적극적이고 효율적인 현지화 전략을 구사했다고 볼 수 없다. 초창기 이마트가 고객의 소리를 듣고 창고형에서 한국형 할인점으로 과감한 변화를 시도한 것과 같은 경쟁력 있는 마케팅 파워를 발휘해야 할 것이다.

이마트는 항상 도전하고 변화하고 벤치마킹합니다

유통업을 자본주의의 종합적인 패션 리더라고 평가하는 이경상 신세계 이마트 대표는, 이마트는 변화에 민감할 뿐 아니라 유통업계를 리드해야 한다는 확고한 경영철학을 가진 CEO이다. 향후 이마트의 비전에 고심하며 해외뿐 아니라 국내 현장에서도 직접 눈으로 보고 느끼는 가운데 아이디어를 창출해 내는 현장 중심형 리더이기도 하다. 그에게서 이마트의 현재와 미래를 들어본다.

매장의 변화가 곧 고객 서비스입니다

제가 2004년 12월 1일에 취임했으니 채 3년이 안 되었네요. 1993년에 1호점 창동점이 오픈했으니 거의 10년이 지나 이마트는 3, 4세대형으로 변화했습니다.

그러나 할인점이라는 것은 업태가 할인점이지, 고객이나 유통 분야로 본다면 물건 팔기는 매한가지입니다. 단지 각각의 장점을 부각시킬 뿐입니다. 그런 의미에서 나는 유통업을 패션이라고 생각합니다. 종합적인 패션이죠. 항상 멈추지 않고 끊임없이 유행처럼 변화를 추구해야 합니다.

예를 들어 상품이 그냥 쌓여 있는 것보다 2~3일에 한 번씩 바꿔놓는 것이 좋습니다. 고객의 필요에 따라, 고객의 동선에 따라 레이아웃도 경영전략이 되는 겁니다. 늘 똑같은 진열대에 똑같은 제품이 있는 것도 좋지만, 계속 위치 변화를 주는 것이 소비자에게 구매의욕을 일으킵니다. 대표적인 예로 이마트 자양점은 계속 매장 분위기와 진열을 바꿉니다. 이러한 변화가 바로 경영전략이죠.

그러나 어려움도 많습니다. 전국의 이마트 고객은 똑같고 매장도 대동소이해야 합니다. 그렇게 하지 않고 변화를 주길 원하면 그만큼 투자를 많이 해야 합니다. 아니, 최소한으로 한다 하더라도 말입니다. 그런데 여기에 딜레마가 있습니다. 고객이 해변에 있는 이마트에 갈 수도 있고, 산 근처에 있는 이마트로 갈 수도 있지 않습니까? 그런데 자신이 익숙한 이마트에 비교해 보면 변화를 준 이마트가 뭔가 부족해 보일 수 있습니다. 이것은 투자를 떠나 매우 고민스러운 부분입니다.

가능하면 신규 매장은 조금 더 발전시키고 기존 매장은 소폭 리뉴얼하는 수준에서 투자를 적정선으로 잡으려고 합니다. 이것이 생각처럼 쉽지 않습니다. 점포가 107군데나 되다 보니 더욱 그렇습니다. 그래서 오래된 점포나 월마트에서 인수한 점포부터 리뉴얼하고 있습니다. 최근 월마트의 매장이었던 탄현점을 리모델링한 것이나, 초창기에 오픈한 일산점을 내부 리모델링한 것도 그런 전략의 하나죠. 일산점은 특히 변화시키고 나서 고객들의 호응이 좋습니다.

이마트만의 브랜드를 끊임없이 개발하고 있습니다

작년 가을부터 PL상품의 하나로 #902를 본격적으로 시작했습니다. 금년에도 두 개 이상의 패션 브랜드를 출시했습니다. 올 10월에는 신선식품과 가공식품, 생활용품에도 적용할 예정입니다. PL 부문을 강화하면 상품이나 가격경쟁력이 강화될 것이고, 이런 현상이 각 업체마다 두드러진 현상으로 나타날 겁니다. 또한 시간이 지날수록 상품 진열수도 증가할 것입니다.

미국 할인점의 경우 거의 90%가 자기들이 개발한 상품입니다. 메이커 제조업체로부터 납품받거나 해외에서 생산하는 방식으로 진행됩니다. 월마트의 경우 메이커 제품이 거의 없습니다. 미국의 타깃, 프랑스의 까르푸도 같은 경우입니다. 그렇다고 무조건 자기 제품을 만드는 것이 아니라 어느 상품부터 어느 PL상품에 중점을 둬야 할지

고민합니다.

올 가을부터 출시되는 상품에 이마트 PL 부문의 미래가 담길 것으로 기대합니다.

흔히들 이런 부분에서 백화점과 혼동을 일으키는데, 백화점과는 차이가 있습니다. 가령 백화점에서 모피가 200만~300만 원이라고 한다면, 우리는 해외에서 매입하여 50만~100만 원에 판매가 가능합니다. 이것이 엄청난 경쟁력 아닌가요? 이렇게 전국 물동량을 우리가 공급하면 도시에 있는 소비자든 그렇지 않은 소비자든 고가상품을 저렴하게 살 수가 있습니다. 향후 세계적 브랜드도 우리가 구입하여 합리적으로 팔 수 있는 날도 멀지 않을 것이라고 봅니다. 이러한 작업이 할인점을 한 차원 업그레이드하는 계기를 마련할 겁니다.

먼저 중국 시장에 충실하려 합니다

보통 중국에 한 달에 한 번꼴로 갑니다. 부지 확보도 할 겸, 영업매장도 둘러봅니다. 중국에 들어간 월마트나 까르푸에 비해 아직 우리 이마트는 매장이 턱없이 적습니다. 그래서 나름대로 고충이 있습니다. 그런데도 아직까지 중국 정부는 고맙게도 우리 이마트에 매우 호의적입니다. 외국계 기업보다 중국 소비자들의 기호를 잘 맞춘다고 생각하는 것 같습니다. 그것이 사실이기도 합니다.

그런데 이제 중국 시장이 확실히 달라질 것으로 보입니다. 한국도 그렇지 않았습니까? 올림픽을 치르고 나면 국민들의 생활환경에 변화가 옵니다. 그래서 우리는 중국 이마트를 활성화하기 위해서 인테리어에 많은 비용을 투자합니다.

사실 중국은 아직 친절한 서비스가 몸에 배지 않았습니다. 그래서 이마트에 한두 번 오는 고객들은 다른 업체에 적응하지 못한다고 합니다. 그래서 다른 지역으로 넓혀달라는 요청이 들어오기도 합니다. 조심스럽게 준비는 하고 있지만 아직은 상하이부터 집중하려 합니다. 한국 시장에서는 월마트가 우리에게 두 손을 들었지만, 아직 중국에서는 막강한 유통업체임을 명심해야 합니다. 어쨌든 다양한 변화를 통해서 중국 시장을 넓혀갈 겁니다.

고객과 직원의 소리를 직접 듣습니다

제 컴퓨터 바탕화면에는 '고객의 소리'라는 아이콘이 있습니다. 이를 클릭하면 그 전날까지 올라온 고객의 소리가 모두 담겨 있습니다. 특별한 건 바로 확인해서 조치할 것을 지시하고, 한 달에 한 번은 고객의 소리를 모두 취합해서 해당 부서나 임원회의 때 발표하여 시정할 부분을 논의합니다.

또한 현장에도 간혹 갑니다. 직원들에게 고객의 주머니에서 우리의 월급이 나온다는 걸 명심시키고 고객에게 무조건 친절할 것을 지시합니다. 현재 이마트 본사가 은평지점과 함께

있다 보니 어쩔 수 없이 은평지점의 매장을 자주 갈 수밖에 없습니다. 그래서 간혹 직원들이 싫어하기도 합니다.

현재 저희 직원이 거의 1만 명 정도 됩니다. 임대 코너에서 근무하는 용역업체 직원들과 직영 매장으로 들어온 기업체 직원을 다 합치면 5만 명 이상이 되지 않을까 합니다. 이마트의 재산은 고객과 함께, 직원들입니다. 그래서 신세계 경영진은 직원 교육에 매년 적잖은 투자를 하고 있습니다. 신세계가 유통사관학교라는 말을 듣는 것도 당연하다고 봅니다. 신입사원이 입사하면 선배 사원이 멘토 역할을 담당하도록 제도를 마련했습니다. 직급별, 지역별, 업종별로 차등화된 교육을 실시하고 있습니다.

사실 이마트가 일이 좀 많습니다. 그래서 우스갯소리로 일마트라고도 하더군요. 일이 많은 만큼 그에 대해 복리후생 차원에서 보답하려 합니다. 수익의 3분의 1은 세금으로, 3분의 1은 주주에게로 간다면 3분의 1은 직원들에게 돌아가도록 경영진 모두 애쓰고 있습니다.

시장경제논리 하에 서로 상생하는 방법을 찾아야죠

고객들 가운데 이마트에 대한 불만을 표시하는 분도 있을 것이고 협력사 가운데 이마트에 섭섭한 부분을 느끼는 이들도 있을 겁니다. 이러한 평가와 비판을 최대한 받아들이려고 합니다. 결국 서로 개선하지 않으면 협력사도 이마트도 발전하지 못할 테니까요.

특히 최근 대형마트의 출점을 규제하는 법안이나, 상품 수나 영업

시간을 제한하자는 정부 시책이 나오고 있습니다. 이 문제는 정말 쉽지 않은 부분입니다.

대형마트와 재래시장을 수직적인 개념으로, 경쟁구도로 놓아서는 안 됩니다. 백화점, 할인점, 재래시장, 편의점, 슈퍼마켓, 이 모든 것이 수평적인 업종이며 서로 목적과 추구하는 바가 다르지 않은가 합니다. 다른 유통업체와 경쟁 구도로 인식해 대형마트를 견제한다면 오히려 소비자에게 선택의 기회를 제한하는 결과를 초래하지 않을까 우려 됩니다. 재래시장도 따지고 들어가 보면 복잡한 이해관계가 얽혀서 재래시장 간의 문제도 해결하기는 쉽지 않다고 봅니다. 다만 서로 간 의 경쟁과 협력을 유도하고 시장경제 논리로 풀어야 하지 않을까 합니다.

03 중국 소비자, 과연 어떻게 공략할 것인가

중국 시장을 살펴보면 변화의 사이클이 어제와 오늘이 다르다. 단순히 마케팅 규모가 크다는 이유로 접근하다가는 낭패를 볼 공산이 크다.

중국은 그만큼 여러 얼굴을 가지고 있다. 소비구조와 행태가 급변하고 소비자 유형이 복잡하며 의식구조 또한 알아내기 쉽지 않다. 또한 지역별로 소비문화가 다르며 연령별, 성별로 소비철학이 현격하게 차이가 나는 등 복잡한 양상을 띠고 있다. 과연 이 변화의 파도를 헤치고 틈새를 노릴 수 있을까? 그 가능성을 타진해 보자.

| 차이나 마켓, 중국 소비자의 유형을 간파하라 |

먼저 중국 정부는 2002년 이후 내수시장을 확대하기 위해 국채를 발행하고 특히 자동차, 주택, 통신전자 제품에 대한 소비를 장려하고 있다. 농민에 대해서는 세금우대 조치를 통해 농촌 지역 소비를 촉진하여 전체적으로 안정세를 유지하고 있다.

그런데 여기서 중국 소비시장을 좀 더 가까이 들여다보면 도시와 농촌, 연해 지역과 내륙 지역, 소득 계층별로 큰 차이를 보이고 있음을 알 수 있다. 그 예로 중국 전체의 GDP가 800달러 수준인데 비해 상하이, 베이징 등 주요 도시의 GDP는 4000달러에 이른다. 결국 중국 내에서도 도시들 간의 빈부차가 급격히 벌어지고 있는 것이다. 소득계층으로도 상하이에서 최고급 시계가 하루 평균 한두 개 판매되는데, 이런 부유층은 중국 전체의 10% 미만이 안 되는 소수계층으로, 부의 집중이 두드러지고 있다.

그리고 또 하나의 변화는 5일 근무제의 시행으로 가계지출에서 식비 비중이 하락하는 반면 레저, 오락, 스포츠 등의 문화소비가 증가하고 있다는 점이다. 또한 시장체제가 공급자 위주에서 구매자 위주로 변하고 있다.

아울러 중국인의 소비패턴을 보면 연령, 학력, 성별, 성격, 경제조건, 취미, 직업에 따라 선호하는 제품과 소비행태가 다른 양상을 보인다. 즉 필요에 의해서라기보다는 남이 사면 따라 사는 모방형, 일시적인 구매의욕에 의해 불필요한 상품까지 구매하는 충동형, 유행

중국 소비자의 소비 유형

모방형	모방형의 소비자들은 다른 사람들의 집에 최신 제품이나 유행하는 제품, 처음 보는 물건이 있으면 사고 싶어한다. 필요에 의해서보다 남이 사면 나도 사는 소비패턴을 보인다.
충동형	충동형의 소비자들은 구입할 물건을 사전에 생각해 두고 물건을 사러 가지만 구매 도중에 일시적으로 구매의욕을 느껴 불필요한 물건까지 구매하게 되는 소비패턴을 보인다.
유행 추구형	모방형이나 충동형과는 다르며 타인이 물건을 사는 것을 보고 그 물건이 유행하는 것으로 생각해 구매하는 형태이다. 물건을 사기 전에 명확한 목적을 갖고 사는 것이 아닐 뿐 아니라 실용성이 없는 물건이 대부분이며 유행에 민감한 물건을 사기 때문에 쇼핑의 빈도가 상당히 높다.
저가 지향형	품질이 우수하고 가격이 저렴한 물건을 중심으로 구매하는 계층으로, 실제로 상품에 대한 정보가 풍부하고 주로 세일이나 할인 가격제가 실시되는 상점을 다니면서 구매하거나 중고품 시장을 이용하기도 한다. 얼마나 싸게 사는 것인가가 최대의 관심사이다.
이성형	물건 구매 시 상품의 질과 가격을 면밀히 검토하고 사용처, 기능, 시장상황, 시세 등을 검토한 후 구매한다. 이들은 유행을 따르기도 하고 일단 살 것을 결정하면 실행에 옮기는 타입이며 품질이 좋은 상품을 구매할 확률이 높다.

에 민감한 물건을 사는 유행 추구형, 품질이 우수하고 가격이 저렴한 상품을 중심으로 구매하는 저가 지향형, 상품의 질과 가격을 면밀히 검토한 후 구매하는 이성형 등 다섯 가지로 구분된다.

특히 중국 시장은 도시별 소비 총액의 편차가 극심하므로 이에 대한 세밀한 분석과 접근 전략이 보다 구체적으로 수립되어야 할 것이다. 일례로 가장 소비가 높은 상하이와 가장 낮은 인환의 경우 백 배 이상의 차이를 보이는데, 지역별 편차를 고려해 특정 지역을 선점한 후 타 지역으로 매장을 확대해 나가는 것이 효과적이라 본다. 중국은 크게 화북, 화동, 화남 지역으로 나뉘는데 각각의 특성을 파악하여 출점 계획을 입안하는 것이 좋다.

| 중국 시장 공략, 지역에 따라 전략을 바꿔라 |

중국 이마트는 일곱 개의 점포를 운영하고 있는 상하이와 텐진을 거점도시화하여 인근 도시로 확대해 가는 도미넌트 식 확장 전략을 구사하고 있다. 화동 지역은 상하이를 중심으로 항저우, 두시, 쿤산까지, 화북 지역은 베이징과 텐진을 중심으로 출점할 계획이다.

● 화북 지역

화북 지역은 산둥성, 허베이성, 허난성, 산시성, 내몽고자치구 등으로 구성되어 있으며 수도인 베이징과 텐진이 이 지역에 속한다. 화북 지역의 가장 중심지인 베이징의 소비 특징은 개발도상국의 특징과 사회주의 특징이 복합적으로 나타난다. 의식주 지출이 총 지출 금액의 50%를 넘어 개발도상국의 엥겔지수를 보여주고 있지만, 점차 의복 및 내구 소비재도 안정적으로 증가하는 추세이다. 한편 매년 줄어들고 있는 엥겔지수는 경제발전에 따라 중국인들의 생활수준이 향상되고 있음을 방증한다.

소비자 구매성향은 주말 집중 구매가 보편화되어 있어 토요일과 일요일에 다음 일주일간의 물품을 일괄 구입한다. 음식에 있어서는 고급화를 추구하기보다 중저가를 위주로 하지만, 이와 대조적으로 실용품은 고급화를 추구한다.

이들 상품의 판매 성공은 제품품질 이외에 대대적인 광고전략이 큰 영향을 미친다. 베이징 시민들은 광고(특히 TV광고)를 통한 상품

텐진에 있는 이마트 아오청점.

홍보를 중요시한다.

베이징 시는 주민들의 편
리를 위해 구매 센터, 창고
식 시장, 할인점, 대형 특색
전문점 등을 적극적으로 발
전시킬 예정이다. 허베이성
은 베이징, 텐진과 함께 1

이마트 아오청점 내부 계산대 광경.

억 명의 소비자를 보유하고 있으며 시장규모는 전국의 약 10% 이상
을 차지한다. 또 이 지역은 서북, 화북, 동북 지역을 연결하는 교량
역할을 하는 중요한 출구이다. 산동성은 한국과 가장 인접해 있어 한
국과의 교통이 편리한 이점이 있다.

● **화동 지역**

화동 지역의 대표 지역인 상하이는 중국 경제성장의 견인차 역할을
하고 있다. 또 장수성, 저장성 등 화동 경제권의 중심으로 중국 전체
소비액의 36%를 차지하는 중국 최대의 소비시장을 형성하고 있다.
반면 소매기업 아홉 개, 매출액 147억 위엔에 불과한 내륙 낙후 지역
의 경제 부유화를 유도하는 핵심기지의 역할을 수행하고 있다.

상하이 지역의 소비적 특징은 시민의 소득증대에 따라서, 엥겔
지수는 지속적인 감소 추세를 보이고 소비구조가 점차 선진화되고
있다.

특히 1992년 7월, 6대 도시와 다섯 개 경제특별구에 유통업이 개

방된 이후 상하이는 유통업체의 진출 거점이 되어왔으며, 지금 외국 유통업체들끼리 치열한 경쟁을 하고 있다. 상하이에서 성공한다면 이곳을 확실한 진출 거점으로 삼아 다른 지역으로 뻗어나갈 수 있는 이점이 있다.

중국 도시별 주민의 소비형태

도시	소비행위의 특징
베이징	• 남방 지역보다 소비에 있어서 다소 보수적이고 신중한 편이다 • 의복, 액세서리보다는 필요한 필수 가전제품에 소비가 집중된다 • 정보가 많아 고품질 제품을 골라 사는 선택적 구매동기가 강한 편이다 • 신제품에 대한 선호도와 호기심이 강해 상하이 시 주민들보다 구매에 적극적인 태도를 보인다
상하이	• 외모에 다소 신경을 쓰는 편으로 의복, 액세서리, 보석류, 개인 용품에 대한 소비비중이 상대적으로 높다 • 구매패턴이 서구화되어 있고 고품 중에서도 최상의 고급 제품이나 해외 최고 유명 브랜드 제품을 구매할 정도로 브랜드 충성도가 높다 • 가장 까다로운 구매계층이나 일단 시장개척에 성공하면 인접도시나 전국의 대도시로의 확산이 빠르며 효과도 크다
광저우	• 중국 도시 중에서 가장 수입이 높은 부유층들이 많고 소비형태에 일정한 제약이 나타나지 않는 지역이다 • 식품, 의료, 오락에 대한 지출 비중이 의복에 대한 소비비중보다 높다 • 홍콩이 가까워 영향을 크게 받고 있으나 문화수준은 베이징이나 상하이보다 다소 낮아 구매태도는 그다지 까다롭지 않다
션쩐 및 주강델타	• 홍콩 경제권으로, 밀수품의 통용 비중이 높고 홍콩과의 거리가 가까워 유명 브랜드의 유입이 쉬울 뿐 아니라 구매패턴도 비슷해 유행에 민감하다

● **화남 지역**

화남 지역의 대표격인 광둥성은 중국의 남부에 위치하며 홍콩, 마카오, 대만과 가까운 지리적 특성으로 화교 자본이 많이 들어와 있다. 그리고 다른 지역에 비해 사회간접자본과 연관산업이 고루 발달해 훌륭한 투자환경을 보여준다. 따라서 여전히 외국인 투자자들이 가장 선호하는 지역의 하나로 손꼽힌다. 광둥성의 성도인 광저우는 중국에서 가장 서구화된 도시이며 소비시장이 발달해 베이징, 상하이와 함께 중국 3대 소비시장으로 꼽힌다.

광저우의 소비 특징은 주민 생활수준 향상과 식품 가격의 지속적인 하락으로 엥겔지수가 낮아지고 있다는 점이다. 소비현황은 시대별, 품목별로 소비패턴의 변화가 심하게 나타나고 있다. 특히 이 지역의 소비자들은 가사노동을 줄여주고 가정생활의 질을 높일 수 있는 내구성 소비제품을 선호하고 소비하는 경향이 짙어 선진국의 소비형태를 보여주고 있다. 이러한 내구성 소비제품은 냉장고, 진공청소기, 세탁기 등 가사노동에 직접적으로 연관 있는 것들이다.

향후 이마트가 특별히 감안해야 하는 것은 입점할 도시의 특성과 주민의 소비패턴인데, 예를 들면 베이징 주민은 소비가 다소 보수적이고 신중한 편이며 상하이 주민은 외모에 신경 쓰는 편이고 광저우 주민은 부유층이 많은 반면 소비에 일정한 패턴이 없는 것이 특징이라는 점 등이다.

중국의 소득계층과 소득패턴을 한국의 개념으로 이해하는 데는 다소 어려움이 있지만, 앞으로의 중국 시장 진출을 위해서는 꼭 알아두어야 할 부분이다. 이러한 중국의 소비현황을 세 가지로 간략하게 정리하면 다음과 같다.

첫째, 도시인구의 10%, 총인구의 3.5%에 해당하는 4460만 명의 고소득 계층에는 기업경영자, 전문기술인력, 연예인, 운동선수, 자유직업인, 사기업·외국기업 종사자들이 포함된다. 이들은 대중적인 상품보다는 정교하고 개성적인 브랜드를 선호하는 소비취향을 보인다.

둘째, 도시와 농촌의 80%와 10%의 점유율을 차지하는 중등 소득 계층은 전체 구매력의 60%에 육박하는 최대 소비군이다. 이들은 공무원, 국유기업 근로자, 자영업자, 과학·교육·문화 분야 종사자로서 일반 주택과 중소형 자동차, 핸드폰 등이 대표적 구매 상품이다.

마지막으로 도시와 농촌의 각각 10%, 80%를 차지하는 저소득 계

이마트 매장을 찾은 중국 시민들 풍경

층이 있다. 이들은 주로 농민으로 구성되며 도시 실업 인구, 퇴직 근로자, 농촌에서 도시로 이주한 근로자가 대부분이다. 구매력은 일반 소비재로 국한되고 중·저급 소비시장의 주를 이루고 있다. 이외에도 중국 농촌인구의 10%에 달하는 극빈층은 연평균 수입이 700위안에 불과한 계층으로, 전체 수입의 60% 이상을 식료품 구입에 쓰고 있어 소비력이 매우 취약하다.

통상 이들 계층을 연 평균 가처분 소득으로도 구분하는데, 고소득 계층은 1만 8840위엔, 중등 소득 계층은 6500위엔, 저소득 계층은 2000위엔으로 설정하기도 한다.

이상의 자료를 분석하고 이마트의 중국 진출 전략을 비교해 보면, 이마트의 중장기 비전과 전략이 매우 구체적임을 알 수 있다. 현재 이마트는 2012년까지 50~60개점을 확보할 것을 목표로 하고 있다. 이미 이마트의 영업 능력이 상당한 궤도에 올랐음은 물론 장기적인 상권 개방안을 염두에 두고 있어 흑자경영은 그리 어려운 일이 아닐 것으로 보인다.

그 예로 상하이 인뚜점은 2010년 상하이엑스포로 인해 대규모 주택단지가 주변에 들어서면서 새로운 가능성을 보여주고 있다. 또한 베이징올림픽으로 신규 개발택지로 지정된 텐진 아오청점도 2007년부터 신규 아파트 단지 입주가 시작될 전망이어서 이마트의 비전을 더욱 밝게 해주고 있다.

04 할인점 포화시대, 이제 미래를 준비하라

과연 이마트의 미래는 어떻게 될 것인가? 최근 한 보도에 따르면 신세계그룹의 1분기 영업이익률이 6.8%(영업이익 1660억 원)를 기록해 작년 같은 기간의 7.1%(영업이익 1629억 원)에 비해 0.3% 줄었다고 한다.

한편 2분기 영업이익(1862억 원)의 증가율이 지난해(2006년)에 비해 3% 미만에 그친 것으로 나타났다. 2007년 상반기 경기회복에도 불구하고 전반적인 소비자의 체감경기가 그대로였고, 상반기 월드컵 특수와 쌍춘년 결혼 붐으로 인해 지난해가 상대적으로 영업 여건이 좋았던 것을 그 원인으로 꼽는다.

그러나 이러한 영업이익의 소폭 증가에도 불구하고 신세계 주가에 대한 기대는 여전한 것으로 드러났다. 이러한 희망의 바탕에는 이 마트가 있다.

이에 대해 전문가들은 몇 가지 이유를 꼽는데, 먼저 미래가 불투명할 때는 유통주가 각광을 받는다는 이유를 들 수 있고, 또한 제4세대형 이마트 죽전점 등의 오픈으로 이제 마트가 돈 먹는 곳이 아니라 돈 버는 곳이 되었다는 인식전환이 한몫을 담당했다고 한다. 그리고 마지막으로 이마트 자산의 증가가 세 번째 이유이다.

그럼에도 여전히 이마트가 국내에서 해결해야 할 문제는 많다. 대기업의 할인점 진출과 대형마트에 대한 정부의 규제, 중소형 마트와의 상생관계 등이 그것이다. 특히 대기업들의 과다 경쟁은 대형 할인점의 입지뿐 아니라 중소형 마트와의 불화를 유도하고 있는 것도 사실이다. 최근 삼성 홈플러스가 부산, 전주, 진주, 사천 등 지방 중소도시에 지방 유통회사인 것처럼 위장해 개점한 것이 드러나 물의를 일으켰다. 이는 대형 할인점의 입지가 점점 더 좁아가고 있음을 방증한다. 시장의 한계에 대응하지 못한다면 국내 할인점의 미래는 암울할 수밖에 없다.

최근 정용진 신세계 부사장이 "사이즈를 줄여도 이익이 날 수 있는 구조를 만들겠다."라고 선포한 것은 시사하는 바가 크다. 이를 스크랩 앤드 빌트Scrap & Built(경쟁력이 있으면 확장하되 그렇지 않은 경우 과감히 정리하는 유통 출점 전략)로 받아들이는 분위기이다. 그 이유는 국내에서 할인점의 적정 점포 수라 할 수 있는 250~300개가 3~4년 뒤에 포화상태가 된다는 현실 때문이다. 더욱이 TV홈쇼핑과 인터넷쇼핑, 그리고 다단계 네트워크 마케팅 등 직거래 유통이 확장되어 새로운 경쟁상대로 등장했기 때문이다.

2003년 신세계 유통산업 연구소는 대형 할인점 한 개당 적정 인구 수를 10만 명으로 잡았을 때, 전국 포화 점포 수 470여 개, 할인점 포화 시기로 2008~2009년을 예측하고 있다. 말하자면 평균 15만 명 상권에 약 9917.4~1만6529㎡(3000~5000평) 규모로 오픈하던 대형 할인점이 틈새시장을 공략하기 위해 6만~8만 명의 소도시에 3305.8㎡(1000평) 안팎의 '소형마트'로 눈을 돌렸다는 것이다.

실제로 신세계 이마트는 최근 1157㎡(350평)의 '미니 이마트'를 경기 광명점에 개점하였고, 3305.8㎡(1000평) 규모의 점포를 네 개 지역(수서, 신월, 태백, 인천공항)에 열어 본격적으로 할인점 포화시대를 대비하고 있다. 특히 최근에는 네 개 타입의 대형마트 규모 기준을 다섯 개로 세분화했는데, 1만3223.2㎡(4000평) 규모의 A타입, 1만1570.3㎡(3500평) 규모의 B타입, 9917.4㎡(3000평) 규모의 C타입, 6611.6㎡(2000평) 규모의 D타입, 3305.8㎡(1000평) 미만의 E타입으로 구분하고 있다.

이런 추세로 보면 결국 대형마트는 SSMSuper Super Market 시장, 즉 '대형 슈퍼마켓'으로 경쟁의 양상을 달리할 것으로 추정된다. 그 이유는 향후 부지 확보가 어렵고 지자체의 규제가 대형 할인점의 출점을 어렵게 하는 점도 있지만, 무엇보다 SSM의 특장점 때문이다. 그 장점은 다음 다섯 가지로 정리할 수 있다.

첫째, 슈퍼슈퍼마켓은 대형 할인점이 인구 약 20만 명의 상권에 출점이 가능한 것에 비해 10분의 1 수준인 인구 2만 명 수준의 상권에도 출점이 가능하다. 또한 개점 비용이 점포당 약 100억~600억 원이 소요되는 할인점에 비해 약 30억~60억 원이면 가능하다.

둘째, 임차 방식의 출점이 많아 출점 실패에 대한 위험부담이 적

할인점과 SSM의 업태 비교분석

구분	종합 할인점	SSM
업태특성	할인점	할인점과 기존 중·소형 슈퍼마켓의 중간 형태
매장면적	4958.7~6616.6㎡ (1500~2000평)	991.74~3305.8㎡ (300~1000평)
입지	근린형 소상권 (10만 명)이나 아파트단지 등 주거밀집지역 (Neighborhood)	주택가나 아파트 단지 등 주거밀집지역 (Community)
취급품목	식품, 일용잡화, 실용의류 등 다양한 품목 취급 (내구성 소비재)	생활필수품, 신선식품, 반조리식품 등 취급 (식품 비중 60% 이상)
상권	상권 반경이 5~10km 이내	상권 반경이 1km 이내
주차면적	600여 대 동시 주차	30~150대 규모의 주차장
장점	저가격 높은 품질 고급 서비스	입점 용이 낮은 출점 실패율 적은 운영비
특징	박리다매 가격파괴 표준적인 브랜드 상품 판매	지역생활 밀착형 강력한 점포 마케팅 체인 오퍼레이션 역량
가격범위	low price	middle price

고, 상품 재고량 등 매장 운영비가 적기 때문에 투자에 대한 회수율이 할인점에 비해 상대적으로 높다.

셋째, 거리상의 접근성이 용이하여 주부들을 유인하기 쉽고, 신선식품을 할인점보다 더 다양하게 취급할 수 있다. 이는 할인점의 핵심상권은 2~5㎞ 반경인 것에 비해 슈퍼슈퍼마켓은 500m 반경에서 영업할 수 있기 때문이다.

넷째, 소비자의 80%인 주부들을 위해서 간편하게 조리하기 쉬운 음식료 위주로 구성되어 있으며, 포장만 뜯으면 바로 먹을 수 있는 완전요리식품을 구비하여 소득을 올릴 수 있다.

다섯째, 가격에 상관없이 2시간 이내에 집까지 배달해 주는 고객서비스를 제공할 수 있어서 주택가 고객들을 사로잡을 수 있다.

여기서 대형 할인점의 현주소를 살펴볼 수 있는데, 앞으로 M&A 등 시장개편이 이루어지며 SSM시장으로의 이동이 가속화될 것으로

SSM시장 현황 및 유통업계의 시장 실태

구분	현재점포	2007년 계획	합계
GS슈퍼마켓	85	11	96
롯데슈퍼	53	14	67
홈플러스 익스프레스	40	30	70
킴스클럽마트	32	30	62

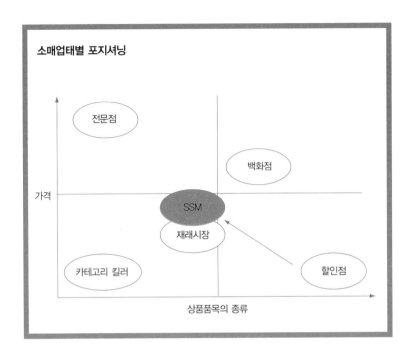

소매업태별 포지셔닝

전문점

백화점

가격

SSM

재래시장

카테고리 킬러

할인점

상품품목의 종류

보인다. SSM업계 1위인 GS리테일, 삼성테스코, 전국 유통망을 구축한 롯데쇼핑, 이랜드 등의 각축전이 바로 그 예이다.

그러나 여러 상황으로 보아 대형마트의 소규모화는 몇 가지 난제를 안고 있다. 우선 규모가 작아질수록 영업이익률이 떨어지고 지역 상권과의 상생출점이 전제되어야 한다. 특히 SSM은 도표에서 보듯 재래시장과 깊이 연관되어 있어 반발이 예상된다. 현재 SSM으로 출점하고 있는 대형 할인점들은 안테나숍(테스트용)이라고 강변하고 있는 실정이다.

그러나 결론적으로 보아 포화상태를 앞둔 대형 할인점의 SSM 진출은 기정사실로 보인다. 따라서 대형 할인점은 중소형 유통점과 재래시장과의 상생 프로그램을 마련하고 인프라 구축을 지원하는 적극적인 행보를 보여야 한다. SSM이든 편의점이든 상품 및 서비스 등 전문화된 미래형 할인점 모델을 시장논리에 따라 개발해 나가야 할 것이다. 이것이 바로 이마트의 미래이며, 다른 업체와의 상생을 유도하는 길이 되지 않을까 생각한다.

원칙을 지키며 튼실하게 세계 초일류 유통기업으로

구학서 신세계그룹 부회장은 오늘날 이마트가 유통업계에서 1등 브랜드로 성장하는 데 버팀목이 된 주인공이다. 다른 기업들이 모두 움츠리던 IMF 금융위기 때 오히려 그는 공격적인 투자로 이마트의 규모와 지점을 늘렸다. 유통업은 끊임없이 변화되고 앞서 나가야 하지만 기본 원칙을 벗어나서는 안 된다고 그는 말한다. 특히 해외진출 시 집중하되 단계적으로 튼실하게 나가야 한다는 경영철학을 강조했다.

IMF 금융위기가 이마트를 강하게 만들었죠

사업이란 건 근본적으로 자산운영의 효율성이 있어야 합니다. 그런데 백화점 사업은 효율성이 취약합니다. 예를 들면 사업 착수에서 매출에 이르기까지 적어도 2~3년 이상이 걸립니다. 또한 2000억 정도 투자했을 때 매출액은 1500~1600억 원밖에 산출되지 않습니다. 회전율로 따지면 0.7~0.8회 수준인 거죠. 그에 비해 회수시간은 더 길어 애로사항이 이만저만이 아닙니다.

그런데 할인점은 백화점과는 다른 양상을 보일 것이라 생각했습니다. 착수해서 문 열 때까지 인허가 포함하여 1년 반 정도밖에 소요되지 않고, 그에 비해 회전율은 3회가 가능합니다. 매출 이익률을 따져봐도 백화점보다 훨씬 뛰어납니다. 또한 백화점은 광고, 판촉, 행사비가 많이 듭니다.

IMF 금융위기 상황에서 자산운영이나 효율성을 따져보고 할인점에 주력해야겠다는 판단이 섰던 겁니다. 그래서 백화점을 짓기로 도면작업까지 마쳤던 산본, 전주, 해운대, 진주 등의 프로젝트를 모두 이마트로 바꾸는 작업을 단행하게 된 겁니다. 1994년, 프라이스클럽을 함께 운영하고 있었는데, 이마트를 하나 개점할 때 프라이스클럽 하나를 동시에 개점해야만 했습니다. 그래서 프라이스클럽을 매각하고 그 돈으로 이마트에 집중하기로 했습니다.

이러한 공격적인 투자가 오히려 나중에 월마트와의 경쟁에서 경쟁력을 가질 수 있는 요인이 되었습니다. 투자금액을 확보하기 위해서 한

국 카드 역사에서 최초라 할 수 있는 신세계카드도 한
미은행에 매각했습니다. 카드회사는 금융업이지 유통
업이 아닙니다. 유통업체는 유통업으로 승부를 걸자
는 생각이었죠. 이렇게 뼈아픈 구조조정을 하고 나서
2500억 원 정도의 자금을 마련하였고, 그렇게 해서 이
마트를 세울 스무 군데 이상의 부지를 마련할 수 있었
습니다.

부지 선정에도 행운이 따랐습니다. 가양점은 A급 점포인데 당시
강서세무서에서 경매가 15차까지 유찰된 부지다 보니 감정가의 반 가
격으로 매입할 수 있었습니다. 성수점도 지금 가격의 거의 10% 정도에
부지를 구할 수 있었습니다. 이런 좋은 입지적 조건도 이마트의 경쟁력
이 되었죠.

아직 자만할 때가 아닙니다

이마트가 한국에서 월마트를 이겨냈지만 세계 시장에서는 우리를
보는 시각이 많이 다릅니다. 예를 들어 중국만 하더라도 우리보다 월마
트와 까르푸가 더 적극적인 투자를 하고 있고 장사도 꽤 잘되고 있는
것이 사실입니다. 그럼에도 다행인 것은 중국 지방정부는 이마트가 한
국에서 월마트를 인수했다는 것과 중국인에게 잘 맞는 마케팅을 보여
주고 있다는 점 때문에 우리에게 매우 호의적이라는 겁니다.

워렌 버핏과 함께 버크셔헤서웨이를 이끌고 있는 찰스 멍거 부회장은 한국 기업 가운데 가장 관심 있는 기업으로 주저 없이 신세계를 꼽았습니다. 그러나 국내 사정은 이와 정반대입니다. 대형 할인점을 기존 재래시장에 피해를 주는 대상으로 인식하는 경향이 짙습니다. 최근 유통업을 규제하는 법안이 통과된다는 기사를 보았는데 실질적인 피해자는 소비자라는 것을 간과해서는 안 됩니다. 유통이 발전되지 않으면 아무리 생산을 늘린다 해도 소비자들에게 제대로 전달되지 않을 수 있습니다. 중간 유통구조가 복잡할수록 소비자는 싸게 살 수 있는 물건을 비싸게 사게 마련입니다. 근본적으로 유통에 대한 순기능을 재인식해야 할 때라고 봅니다.

아무리 우리가 성공했다고는 하지만 아직도 월마트의 30~40%밖에 안 되는 것이 현실입니다. 세계적 기업이 되어 글로벌 경쟁력을 갖추려면 더 성장해야 합니다. 아직 샴페인을 터뜨릴 때가 아닙니다.

해외진출, 이제 집중할 때입니다

베트남이나 미국으로 진출하라고 부추기는 이들이 많습니다. 그러나 나간다고 성공하란 법 있나요? 월마트가 한국서 실패한 것처럼 우리도 같은 경우를 당할 수 있다고 생각합니다. 우리가 백화점에 반대하여 만든 시스템이 성공했듯이 이마트의 빈틈을 개선한 새로운 시스템이 나오지 말라는 법도 없습니다.

그런 점에서 아직 중국 시장에 전력을 기울여도 모자란 때라고 봅니다. 알다시피 중국은 그만큼 큰 시장이라 생각됩니다. 시장이 큰 만큼 유통은 반드시 물류가 뒷받침되어야 합니다. 그래서 이마트의 역량을 이 나라 저 나라로 분산시킬 수 없습니다.

물론 신세계 이마트는 세계 초일류 유통기업을 지향하고 있지만 단계적으로 확대해 나가는 것이 옳다고 봅니다. 일단 상하이에서 1등을 차지하는 것이 중국을 대표하는 브랜드로 가는 최선의 길이라 생각합니다. 한마디로 선택과 집중입니다. 핵심역량을 모으는 일, 이마트가 바로 지금 해야 할 일입니다.

에필로그

이마트 100호점의
여덟 가지 성공 비밀

신세계 이마트의 산 역사라 할 수 있는 경영진을 취재하면서 필자의 뇌리에서 떠나지 않았던 것은 '그런 치열한 경쟁 속에서 어떻게 오늘날의 이마트가 존재할 수 있었으며, 미국인과 미국이 자랑하던 월마트를 앞지르고 초 우량기업으로 달려갈 수 있었는가'였다. 할인점이라는 한계, 막강한 경쟁사의 추격, 쉴 새 없이 변화를 요구하는 소비자의 소리들……. 이제 여기서 이마트 100호점의 여덟 가지 성공 비밀을 정리해 보자.

비밀 1. 몸으로 부딪쳐 노하우를 체득하라

초창기 창고형 할인점을 국내에 도입한다는 것은 유통업계에서 잔뼈가 굵은 이들에게조차 실현 불가능한 사안이었다. 그러나 물러설 수도 없는 상황, 신규 사업팀 3인방은 열악한 환경(할인점 프로젝트에 대한 비전과 인식 부족)에도 불구하고 책상을 박차고 유통 선진국인 일본으로 날아갔다. 그곳에서 일본 할인점의 형태를 봤다. 물론 3인방 안에서도 한국에는 싸게 물건을 파는 재래시장이 있는데 과연 이러한 할인점 형태가 성공하겠느냐는 회의가 있었지만, 개인적으로는 회사를 이렇게 관둘 수는 없다는 생각과 함께 일본도 되는데 우리나라라고 못 되겠느냐는 오기도 발동해 그들은 할인점 구석구석을 뒤지고 다

넜다. 그러곤 한국 소비자의 동선과 현실적 욕구에 맞게 매장을 재구성해 보고, 어떤 물건을 어떻게 구성할 것인가, 브랜드는 무엇으로 할 것인가 등을 고민했다.

비밀 2. 핵심 경쟁력, 진입장벽을 구축하라

이마트는 초기부터 한국 사람들이 선호하는 상품군을 연구하여 신선식품 강화로 외국계 할인점과 완벽한 차별화를 이룰 수 있으리란 확신을 가졌다. 이마트는 신선식품 리콜제를 실시하여 품질에 이상이 있거나 맛이 없을 때는 그 값을 전액 환불해 주거나 교환해 주었다. 초기 외국 할인업체가 자신들의 장기대로 가전제품 저가전략에 치중하는 동안 이마트는 국내 소비자들이 저렴한 가전제품보다는 야채나 생선 같은 신선식품을 많이 접하고 싶어한다는 욕구를 철저히 파악하고 이에 맞는 마케팅 전략을 마련했다. 그리고 2007년부터는 전국 전 점포에 '당일 상품 당일 판매제', '진열 기한 표시제', '과일 당도 표시제' 등 신선식품 3대 고객만족 제도를 실시하고 있다.

● ● ● ● ● ● ●

비밀 3. 먼저 시도하고 앞서 계획하라

할인점의 성패를 좌우하는 가장 큰 요인은 좋은 '목'을 잡는 데 있다. 우수한 입지를 잡는 것만으로도 80% 이상은 성공했다고 할 수 있다. 따라서 이마트가 할인업계에 선두주자로서 독주할 수 있었던 것은 일찌감치 요충지를 선점했기 때문이다. IMF 금융위기 당시 미국의 프라이스클럽과 합작 운영하던 다섯 개의 할인점을 매각한 1400억 원으로 20여 개 주요 부지를 사들여 도약의 발판을 마련했다. 당시는 외환위기로 땅값이 곤두박질친 상태여서 부지의 가치에 비해 투자비가 적게 들었는데, 이때 확보한 매장은 지금도 이마트 매장들 가운데 그 실적이 상위권에 속한다고 한다.

2001년 개장한 평택점이 대표적인 사례이다. 이마트가 평택점 부지를 발표했을 때 업계 관계자들조차 고개를 갸웃했다. 국도에서 1km 정도 떨어진 논 가운데 할인점을 오픈하겠다니 그럴 만도 했다. 현재 이마트 평택점은 이 지역 쇼핑의 중심지 역할을 톡톡히 해내고 있다. 그들이 단기간에 경쟁사에 비해 많은 부지를 확보할 수 있었던 것은 신속한 의사결정 때문이었다. 먼저 고민하고 행동으로 옮기고 앞서 계획했기에 가능했던 부분이다.

● ● ● ● ● ●

비밀 4. 그 때 그 때 적 응 하 고 진 화 하 라

초기 월마트와 같은 창고형 할인점에서 출발한 신세계 이마트는 창고형은 한국 소비자의 눈높이에 맞지 않는다는 것을 깨달았다. 이마트는 한국 토종 매장을 만들려는 시도를 했다. 먼저 천장까지 쌓아 올려놓았던 창고형 매장을 철수하고 매장 전체의 진열 높이를 낮췄다. '포장' 단위도 고객이 실제로 쓰는 단위로 만들었고, 신선식품을 선호하는 한국 소비자들의 습관과 동선을 고려해 상품 진열 방법을 바꾸어나갔다.

현재 이마트의 MD 부문만 하더라도 초저가 생필품 중심이었던 것에서 한걸음 더 나아가 차별화 MD를 개발했는데 이미 3만~5만 개 상품에 기존과는 또 다른 MD를 개발하고 있다. 2005년 소위 3세대라 불리는 할인점의 형태는 새로운 생활가치 제안형 MD로서 고급화와 쾌적한 쇼핑 환경 조성이 이루어졌다. 2005년 9월에 오픈한 이마트 죽전점은 테마형 전문매장 및 카테고리 킬러형 전문매장이 상호 보완된 복합형 대형마트이고, 2007년 2월 오픈한 자양점은 백화점의 전유물로만 여겨지던 잡화, 최고급 와인까지 취급하는 '프리미엄 대형마트'로 진화된 모습을 보여주고 있다.

비밀 5. 빈틈은 있다, 숨어 있는 1mm를 찾아라

이마트가 중국에 진출할 당시 까르푸나 월마트는 이미 상당한 인지도를 갖고 있었고 시민들에게 편리시설로 인식되어 있었다. 그래서 중국인들은 '할인점'에 대해 좋은 인상을 가지고 있었지만, 이마트를 동종업체라 하여 이해하려 들지도 않았고 분양이나 부동산 개발에 아무 도움이 되지 않는다고 문전박대하기 일쑤였다. 그러나 이마트는 좌절하지 않았다. 2년여의 준비 끝에 1호점을 상하이에 내게 되었다. 그리고 몇 번의 시행착오를 거치다가 살아 있는 식재료(자라, 장어, 황소개구리 등)를 팔기 시작했으며 깔끔한 포장보다는 직접 고르도록 전략을 바꿨다. 더불어 중국인들의 주요 교통수단인 자전거 전용 주차장을 마련하고 무료로 이마트 버스를 운영하였다. 이렇게 지치지 않고 끊임없이 틈새시장을 공략한 이마트의 승전보가 지금도 중국 대륙에서 들려오고 있다.

비밀 6. 투명, 상생, 윤리, 기업의 사회적 필요성을 인식하라

신세계는 1999년 12월 기업윤리를 바탕으로 한 신 경영이념 선포식과 함께 윤리경영을 통한 글로벌 기업으로의 도약을 선언했다. 당시 선언적 수준에 머물러 있던 국내 기업의 윤리 시스템과는 달리 국내 기업 최초로 기업윤리 실천 사무국을 신설하고 2001년부터 윤리대상을 제정하기도 했다. 이를 통해 임직원들의 윤리경영 실천의지를 확고히 하고 협력회사들과의 거래 투명성과 청결성을 강조하였다.

이 외에 자사 홈페이지에 윤리경영 사이트를 개설, 윤리경영에 관한 자세한 내용과 불건전 사례를 공개하였으며 매년 2회에 걸쳐 6000여 개 협력사들에게 직접 서신을 보내 거래의 투명성을 강조하고 이에 대한 만족도 조사를 실시하여 경영평가에 반영했다. 윤리경영의 성과를 보면 이 제도를 도입했던 1999년 말에는 외형상 3배, 이익에서는 14.5배

상승 등 실적이 대폭적으로 상승하였으며, 기업의 투명성 강화는 기업의 대외신인도를 크게 높이는 결과를 가져왔다. 이를테면 2001년 A^+, 2002년 AA^-, 2003년 AA, 2004년과 2005년에는 AA^+로 등급이 매년 한 단계씩 상승한 것이다.

이는 협력사나 직원들에게만 해당되는 것이 아니라 대외적인 분야에도 해당된다. 이마트는 기업의 사회적 필요를 실행 플랜에 의해 수행하고 있다. 신세계와 한국복지재단이 공동으로 진행하는 '희망배달 캠페인'의 개인별 후원 구좌를 통해 소외 아동과 일대일 결연을 맺거나 난치병 치료에 나서기도 한다. 이제 이마트는 사회에 환원하는 기업으로 성장하고 있다.

● ● ● ● ● ● ●

비밀 7. 고객, 알파에서 오메가까지

이마트의 고객은 그들에게 핵심 경쟁력이다. 따라서 이마트는 점포의 안내 데스크를 고객만족센터로 바꾸고, 신뢰 있는 외부 조사기관을 통해 두 달에 한 번씩 매장 내의 친절도와 청결도를 지속적으로 모니터링하여 고객의 불편을 사전에 예방하고 있다. 또한 연 1회 '고객만족도 설문조사'를 실시해 품질과 가격, 서비스 등 이마트의 모든 부분에 대한 고객의 의견을 듣는 창구로 활용하고 있다. 인터넷도 예외는 아니어서 '고객의 소리 창구'를 개설하여 고객의 질문에 대한 24시간 내 답변을 의무화했다. 이마트는 이렇게 고객들의 불편과 불만, 의견을 실시간으로 파악하여 대응하려는 노력을 기울이고 있다.

고객이 서비스를 요청하는 자리에서 직접 서비스를 제공하는 '원 포인트 서비스', 각 점포별로 운영되는 '고객만족 소집단 운영' 등도 고객과 함께 호흡하려는 이마트의 노력임은 두 말할 나위가 없다. 이마트의 고객만족은 애프터서비스에서 대미를 장식한다. '신선식품 리콜제', '100% 교환 환불제', '계산착오 보상제', '약속 불이행 보상제' 등 고객만족 경영의 진일보에는 이마트식 고객 서비스, 즉 "고객의 입장에서 행동하라."의 실천이 넘이 그 바탕에 깔려 있다.

● ● ● ● ● ● ●

비밀 8. 눈은 멀리, 손발은 가까이

신세계 이마트가 10여 년 동안 고객만족도에서 선두를 달리는 근본적인 이유는 과거와 현재 그리고 미래를 포용하고 자체 내의 상향 표준화를 통한 자기계발에 전력을 다했기 때문이다. 그리고 투자 및 개발에서의 현실적인 문제해결은 물론 미래에 대한 예측을 보다 가깝게 구현하기 위해 효율적인 운영을 실시하고 있다. 일례로 100여 개의 점포가 넘어선 지금 사용하고 있는 시스템은 이미 열다섯 개 점포 개점 시에 구상되고 개발한 결과라고 한다. 이렇듯 이마트는 업계의 선두주자로서 시장을 이끌어 가고, 또 새로운 모델을 통해 성장하는 '넘버 원 브랜드'로서의 자리를 확고하게 지켜가고 있다.

● ● ● ● ● ● ●

참고문헌

도서

《체인스토어 경영기법》, 강성득, 한국체인스토어협회 출판부, 2007년

《할인점 경영과 실무》, 윤명길 · 고창룡, 두남, 2003년

《대한민국 1등 할인점-이마트》, 최정우, emars, 2004년

《장사를 잘하려면 이마트를 배워라》, 박종현, 무한, 2004년

《일 잘하는 사람의 마케팅 전략노트》, 아이하라 히로유키, 넥서스북스, 2002년

《고객이 당신을 해고할 수 있다》, 한국능률협회, 2003년

《보이지 않는 뿌리》, 홍성태, 박영사, 1999년

《성공과 실패에서 배우는 여성마케팅》, 김미경, 위즈덤하우스, 2005년

《깨진 유리창 법칙》 마이클 레빈, 흐름출판, 2006년

《백년기업》, 한다 준이치, 새로운제안, 2005년

기사와 칼럼

〈한국경제〉, '중국 소비자파워가 세계 바꾼다.-중국 유통시장은 춘추전국시대', 2007. 4. 22.

〈한국경제〉, '라면 파는 가게 양은냄비 왜?', 2007. 4. 24.

〈동아일보〉, '안정+성장성이 무기… PER도 신세계 〉 삼성전자', 2007. 4. 18.

〈서울경제〉, 'IMF때 공격투자-부동의 1위로', 2006. 10. 16.

〈이데일리〉, '이마트=신선식품, 홈에버=패션, 대형마트 4인4색', 2006. 12. 18.

〈이데일리〉, '이마트 '신선식품 고객만족제도' 실시', 2007. 1. 7.

〈헤럴드뉴스〉, '할인점 성패 열쇠, 값보다 교통 편리', 2007. 1. 9.

〈서울신문〉, '이마트-롯데 수지대첩', 2005. 2. 6.

〈이데일리〉, '소비자만족도, 할인점이 최고', 2005. 1. 18.

〈헤럴드경제〉, '이마트 윤리경영 전도 앞장', 2006. 4. 7.

〈한경비즈니스〉, '이마트파워2', 2004. 12. 2.

〈중앙일보〉, '이마트효과', 2007. 6. 15.

〈이데일리〉, '11개 대형마트, 신규점포수 확 줄인다', 2007. 6. 13.

〈이데일리〉, '초소형 이마트, 시장에 정착시킨다', 2007. 6. 14.

〈세리 김진력의 유통이야기〉, 블로그 칼럼 '가치를 창출한다. 백화점 같은 할인점 Target의 성공전

   략 (http://www.seri.org/bt/btIndex.html?btno=25)

웹사이트

http://cafe.naver.com/woorimaul

http://cafe.naver.com/somins

http://cafe.naver.com/grandmart

http://cafe.naver.com/williamzzang

http://blog.naver.com/skekyun

http://blog.naver.com/serendipity

www.ncsi.or.kr (1998~2006 고객만족도 추이)

www.kosca.or.kr

http://www.kbs.co.kr/1tv/sisa/myth/vod/1367392_15468.html

논문

〈한국할인점 현황과 이마트 경쟁력〉, 삼성경제연구소, 2006년

〈고객의 심장을 사로잡다 - 이마트의 고객만족 경영〉, 최정우, 2005년

〈한국 할인점의 중국 진출 확대 방안에 대한 연구〉, 이영주, 동아대학교 동북아국제대학원 석사논
　　문, 2002년

〈한국형 할인점의 성공전략〉, 구학서, 신세계백화점, 2000년

〈국내 할인점과 인터넷쇼핑몰의 매입 정보 시스템의 비교분석〉, 고창용, 한남대학교 대학원, 2003년

이마트 100호점의 숨겨진 비밀

초판 1쇄 인쇄 2007년 9월 28일
초판 1쇄 발행 2007년 10월 5일

지은이 맹명관
펴낸이 이범상
펴낸곳 (주)비전비엔피 · 비전코리아

기획 편집 박창석 윤수진
영업 관리 박석형 한상철 이미자
디자인 미담
외주 진행 김정연

주소 121-865 서울시 마포구 연남동 224-57 2층
전화 02)338-2411 | 팩스 02)338-2413
이메일 ekwjd11@chol.com/visioncorea@naver.com
블로그 http://blog.naver.com/visioncorea

등록번호 제313-2005-224호

ISBN 978-89-87224-81-7 03320